はじめてママへ
やさしく作れる
赤ちゃん小もの

朝日新聞出版

CONTENTS

PART 1 / 生まれてくる赤ちゃんへ

母子手帳ケース
P.05

新生児のための帽子
P.06

おくるみ
P.07

刺しゅうのスタイ
P.08

アルファベットサンプラー
P.09

短肌着
P.10

コンビ肌着
P.11

くまのスタイ
P.12

ガーゼハンカチと巾着
P.13

くまのにぎにぎ
P.14

カラフルボール
P.14

ライオンのタグおもちゃ
P.15

レッグウォーマー
P.16

三角スタイ
P.17

PART 2 / 離乳食が始まったら

お食事スタイ
P.19

巾着バッグ3点セット
P.20

おめかしエプロン
P.21

フリルそでのお食事エプロン
P.22

長そでのお食事エプロン
P.23

PART 3 / ママといっしょにお出かけ

オムツポーチ
&シート
p.25

フリルの
スタイ&ブルマ
p.26

リボンスタイ
&サロペット
p.27

つけえり風
リボンスタイ
p.28

甚平
ロンパース
p.30

ベビー
シューズ
p.31

チューリップ
ハット
p.32

ヘアリボン
クリップ
p.33

サルエルパンツ
p.34

フードつきケープ
p.36

抱っこひもカバー
&よだれカバー
p.38

ホルダー
クリップ
p.39

作品を作る前に知っておきたいこと

赤ちゃん小ものに適した布　p.40

使用する道具　p.40

型紙の写し方と布の裁ち方　p.41

図の見方　p.41

この本で使用する基本テクニック　p.42

刺しゅうの基礎　p.51

手縫いの基礎　p.57

赤ちゃんのサイズ表　サイズは目安です

月齢目安	0〜3か月	3〜9カ月	10〜18カ月	24カ月
身長	50〜60cm	60〜70cm	70〜80cm	80〜90cm
頭まわり	34〜42cm	42〜46cm	46〜48cm	48〜50cm
足	7〜9cm	9〜11cm	12〜13cm	14cm

PART 1 / 生まれてくる赤ちゃんへ

赤ちゃんに会えるのを待つ、特別な時間。
そわそわしながら出産準備をするその期間に、
赤ちゃんのための手作りアイテムを作ってみませんか？
肌着や帽子、はじめてのおもちゃ、スタイなど…、
生まれてくる前に用意しておきたいアイテムを集めました。
赤ちゃんのいる暮らしを想像しながら手を動かす時間は、
きっととても幸せだと思います。

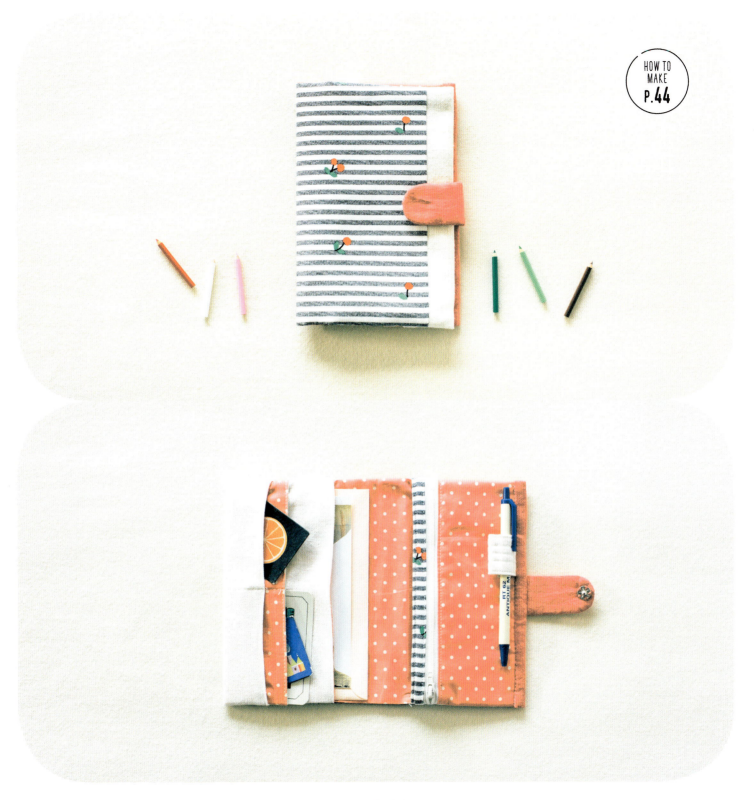

母子手帳ケース

赤ちゃんのために一番最初に用意するものは、きっとこのアイテム。
長い間大切に使うものだから、ぜひ手作りしてほしい。
ポケットをたくさんつけて機能的に。荷物の多いママのために、できるだけコンパクトに仕上げました。

DESIGN_komihinata

SIZE_ 0〜3カ月頃

HOW TO MAKE P.47

新生児のための帽子

生まれたばかりの赤ちゃんの頭をやさしく包んでくれる、アイレット模様の帽子。
トップを長めに形作り、先をきゅっとひと結びします。縫いやすくて伸縮性のあるニット生地で作りましょう。

DESIGN_ 岡田桂子

おくるみ

ジャガードニットとワッフル地。ふんわりとやわらかな肌触りに、赤ちゃんもご機嫌。
フードつきなので頭からすっぽりとくるめます。おくるみの時期を卒業したら、ブランケットがわりに。

DESIGN_komihinata

HOW TO MAKE P.48

刺しゅうのスタイ

ファーストスタイには、
ピュアな赤ちゃんをイメージした真っ白なスタイを。
名前が決まったら、想いを込めてステッチして。

DESIGN_こむらたのりこ

HOW TO MAKE P.49

アルファベット
サンプラー
−森の一日−
DESIGN_こむらたのりこ

SIZE_50〜60㎝

短肌着

汗っかきの赤ちゃんのために、肌着はたくさん用意しておきたいですね。直接肌に触れるものだから、通気性があり、気持ちのいいダブルガーゼがおすすめ。縫い代が肌に当たらないよう、袋縫いで外側に出しています。

DESIGN_岡田桂子

SIZE_50〜60cm／60〜70cm

コンビ肌着

足をバタバタさせるようになったら、股下をボタンでとめられるコンビ肌着が便利。
やわらかなスムースニットは、赤ちゃんの動きにやさしくフィットします。
胸のライオンマークは、簡単にアイロン接着できるフロッキープリント。

DESIGN_岡田桂子

HOW TO MAKE P.54

くまのスタイ

頭からすっぽりとかぶれる、くしゅくしゅゴム仕立てのスタイ。動きが盛んな元気な赤ちゃんにもつけやすい作りです。
赤ちゃんの笑顔と、とぼけ顔のくまさんにママも思わずにっこり。

DESIGN_青木恵理子

ガーゼハンカチと巾着

お顔をきれいにするとき、ミルクを吐いてしまったときなど、毎日必ず使うガーゼハンカチ。
愛らしい刺しゅうのハンカチは、出産祝いにもおすすめです。清潔に持ち歩けるように、巾着ポーチをおそろいで。

DESIGN_こむらたのりこ

くまのにぎにぎ

はじめてのおもちゃは、オーガニックコットンの布で。
何でもお口に入れる赤ちゃんにも安心です。

DESIGN_ 青木恵理子

カラフルボール

五角形のパーツを組み合わせて作る、ペンタゴンボール。
わたと一緒に鈴を入れているので、転がすとチリンと鳴ります。

DESIGN_ 青木恵理子

ライオンのタグおもちゃ

赤ちゃんの大好きなリボンをたくさんつけた、タオルおもちゃ。
中にビニールをはさんでいるので、触るとシャカシャカ音がします。
ライオンさんのやさしい笑顔に、赤ちゃんもニコニコ顔。

DESIGN_岡田桂子

HOW TO MAKE P.62

レッグウォーマー

寒さ対策だけでなく、ハイハイ時期の
ひざの保護にもなるレッグウォーマー。
ねんねの頃から、2歳くらいまで
長く使えるアイテムです。

DESIGN_hitomi nagasawa

三角スタイ

男の子にとくに人気の三角形のスタイ。
裏布には市販のタオルを使用しました。
手軽に作れて吸水性も抜群のうれしい一枚です。

DESIGN_lepolepo

HOW TO MAKE P.63

PART 2 / 離乳食が始まったら

5、6カ月頃になったら、いよいよ離乳食がスタート。
毎日の離乳食作りはたいへんだけど、
小さなお口でもぐもぐ食べる姿はかわいくて、
幸せな気持ちにしてくれます。
まだまだ上手に食べられないから
お洋服は食べこぼしだらけで、後片づけがたいへん……、
そんなママの悩みを手作りアイテムで解消しましょう。
食事の時間が、ママにも赤ちゃんにも楽しいものになりますように。

お食事スタイ

ラミネート加工の布で作る、シンプルなお食事スタイ。
ポケットは後ろ側につけ、使うときにくるりと前に返すと、食べこぼしをしっかりキャッチできます。

DESIGN_青木恵理子

HOW TO MAKE P.72

巾着バッグ3点セット

布合わせがかわいい3点セット。ピンクは240mlの哺乳瓶、ブルーはベビーマグにぴったりのサイズ。
ランチバッグには、離乳食やスプーン、エプロンなどを入れて。保冷・保温効果のあるシートつきです。

DESIGN_komihinata

HOW TO MAKE P.67

SIZE_80~90cm

おめかしエプロン

お誕生日会や外食時など、特別な日に使いたいエプロン。
おしゃまな女の子の気持ちをいっそう盛り上げてくれそうです。
少しお姉さんになったら、おままごと遊びの必需品になるかもしれません。

DESIGN_ヤマダヨシコ

HOW TO MAKE P.70

SIZE_ 70〜90cm

HOW TO MAKE P.64

フリルそでのお食事エプロン

ひらひらフリルがかわいいエプロン。こんなエプロンがあったら、ふだんの食事も楽しくなりますね。
撥水性の高いナイロン生地なので、食べこぼしもさっと拭け、そのままお洗濯できるのもうれしいポイント。

DESIGN_ ヤマダヨシコ

SIZE_70〜90cm

HOW TO MAKE P.64

長そでのお食事エプロン

手づかみ食べが大好きなやんちゃな赤ちゃんには、長そでタイプがおすすめ。
首の後ろを面ファスナーでとめているだけなので、脱ぎ着もスムーズです。

DESIGN_ヤマダヨシコ

PART 3 ／ ママといっしょにお出かけ

首がしっかりして、おすわりができるようになると
お洋服の幅も広がり、おしゃれが楽しめるようになります。
お出かけの機会もだんだんと増える時期ですね。
赤ちゃんとのお出かけがもっと楽しくなるような、
かわいいウエアやママのための便利グッズをたくさん紹介しています。
ニコニコ顔の赤ちゃん、「ママの手作りうれしいな」って、
思ってくれているのかな？

オムツポーチ＆シート

オムツ替えアイテムを、まとめて収納できるポーチ。
汚れてもすぐに拭けるよう、ラミネート加工地がおすすめです。
オムツ替えシートは、ダブルガーゼを組み合わせてやわらかな仕上がりに。
小さくたためるので、ポーチの中に収納できます。

DESIGN_komihinata

HOW TO MAKE P.74

SIZE_70cm/80cm

フリルのスタイ＆ブルマ

フリルをあしらったスタイと、
ふんわりシルエットが愛らしいブルマ。
お尻をふりふりしながら、ハイハイするキュートな姿は
この時期だけの宝物です。

DESIGN_岡田桂子

HOW TO MAKE P.76, 78

SIZE_ 70cm／80cm

リボンスタイ＆サロペット

ブルマの丈を少し伸ばして、人気のサロペットに。長さ調整が可能な肩ひもは、
ゴムをボタンループにした簡単仕立てです。スタイと合わせれば、まるで小さな王子様。
女の子が身につけてもおしゃれです。

DESIGN_ 岡田桂子

HOW TO MAKE
P.76,78

つけえり風リボンスタイ

とびきりおしゃれなおめかしスタイ。よだれが出なくなってからも、シンプルなお洋服に合わせて、
つけえりとして楽しんで。リボンは前後どちらに身につけてもかわいいです。

DESIGN_ヤマダヨシコ

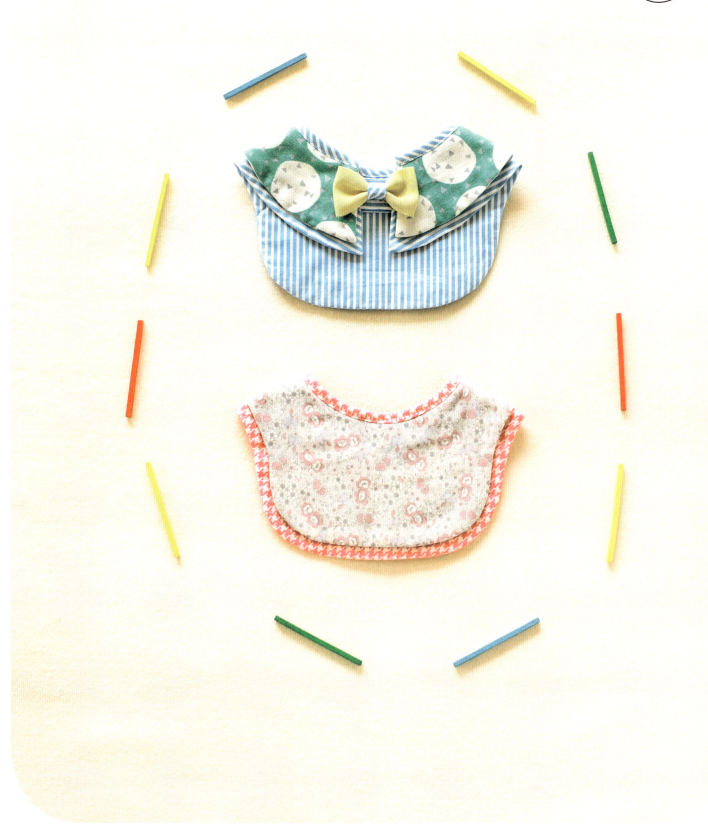

HOW TO MAKE P.81

SIZE_60cm / 70cm

甚平ロンパース

さらりとして涼しい甚平は、お祭りにはもちろん、真夏のふだん着としても大活躍。
股下をボタンでとめるロンパースタイプなので、ねんねの頃から使えます。

DESIGN_lepolepo

SIZE_ 約12cm

ベビーシューズ

やわらかなコットン素材のシューズ。ベビーカーや抱っこひもでお出かけのとき、小さな足を守ってくれます。滑り止めはついていないので、歩き始める前の赤ちゃんに。

DESIGN_ 青木恵理子

HOW TO MAKE P.88

SIZE_ 44cm / 46cm / 48cm

チューリップハット

日差しの強い季節のお出かけは、
つばつきの帽子があると安心です。
ゴムのリボンを絞って、サイズ調整ができます。

DESIGN_ hitomi nagasawa

HOW TO MAKE P.73

ヘアリボンクリップ

やっとこピンを使った、小さなヘアクリップ。
はさむだけなので、
髪の毛の少ない赤ちゃんでもつけられます。
少しの布でかんたんにできるから、
たくさん作ってプレゼントにも。

DESIGN_lepolepo

HOW TO MAKE P.92

SIZE_ 70cm／80cm

サルエルパンツ

ゆったりシルエットのサルエルパンツは、オムツの赤ちゃんにぴったりのアイテム。
風合いがよく、丈夫なリネン混の布で作りました。ポケットをつけて、ちょっぴり本格的な仕立てに。

DESIGN_ lepolepo

フードつきケープ

とんがりフードがかわいい、小人みたいなケープ。おすわりの頃から、
すっぽりと羽織って着用できます。表布はコーデュロイ、裏布はフリース生地なので真冬でもあたたか。
ベビーカーの上から、さっとかけられるのも便利です。

DESIGN_lepolepo

SIZE_ 80cm

HOW TO MAKE P.94

HOW TO MAKE P.91

抱っこひもカバー&よだれカバー

抱っこひものよだれカバーと、コンパクトに収納したままウエストにつけられるカバー。
ダブルガーゼとジャガードニットのリバーシブルです。
どちらも直線縫いだけで作れるので、ソーイング初心者さんにもおすすめ。

DESIGN_ hitomi nagasawa

ホルダークリップ

片側クリップタイプは、おしゃぶりやおもちゃの落下防止や、
輪の部分をベビーカーに通してブランケットをとめるときに。
両側クリップタイプは、タオルをスタイがわりに使ったり、帽子が飛ばないようお洋服につけると便利。
どちらも、幅広く使えるのでぜひ作ってみて。

DESIGN_岡田桂子

HOW TO MAKE P.93

作品を作る前に知っておきたいこと

赤ちゃん小ものに適した布

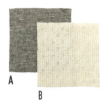

A スムースニット
B フライスニット
適度な伸縮性のあるニット生地。肌触りがよく質感がなめらかで、肌着などに最適。

ダブルガーゼ
ガーゼを2枚合わせにした生地で、空気を含み保温性が高い。やわらかく、汗もよく吸う。Aはプリント地、Bは無地。

A タオル地
B パイル地
ループ状に織った生地。保湿性、吸水性が高く、スタイなどに最適。Bはオーガニックコットンのパイル地。

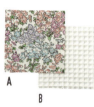

A コットン
B ワッフル地
綿100%の生地で、縫いやすく初心者にも向いている。厚さや種類も豊富。Bは凹凸があり、保湿性と通気性が高い。

A リネンキャンバス
B コットンリネン
Aはさらりとしたシャリ感のある麻100%の生地。綿麻を混紡したBは、Aよりもやわらかく風合いがよい。

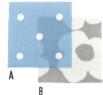

A ナイロン地
B ラミネート地
Aは適度な張りと厚みのある合成繊維。Bは布の表面にラミネート加工(ビニールコーティング)をしたもの。どちらも撥水性がある。

布の向きと名称

布には「布目(地の目)」と呼ばれる、たてよこの方向があります。耳と平行なのが「たて地」です。布を裁つときは、布の向きに注意しましょう。

水通し

布によっては、歪みがあったり洗濯すると縮んだりする布もあります。裁つ前に、水通しをしましょう。

❶布にしっかりと水をしみこませ(1時間～1日程度)、水を軽く切って陰干しする。

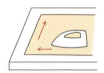

❷半乾きのうちにアイロンをかける。アイロンは斜めに動かさず、たて地、よこ地にそってかけて布目を整える。

使用する道具

A ハトロン紙
実物大型紙を写すときに使う薄紙。

B 手芸用複写紙(チャコピー)
布に型紙や図案を写す。両面タイプと片面タイプがある。

C 方眼定規
たてよこの目盛りが入っており、平行線が書きやすい。

D ルレット
布に型紙を写す。ヘラでも代用可。

E チャコペン
布に印をつける。水で消えるものが便利。

F 裁ちばさみ
布切り専用のはさみ。24～26cmくらいのものが使いやすい。

G 糸切りばさみ
切れ味がよく、握りやすいものを。

H 手縫い糸　I ミシン糸
布によって太さや素材をかえる。

J 手縫い針　K ミシン針
布の厚さや糸に合わせて太さをかえる。

L まち針
布の仮どめに使う針。

M 目打ち
布の角などを整えたり、ミシンの布送りなどに。

N リッパー
縫い目をほどくときなどに。

O ミシン
直線縫い、ジグザグ縫い、ボタンホールが縫えるものを。

P アイロン
布に折り目をつける、縫い目を整えるなど役割は多様。スチームつきのものが便利。

型紙の写し方と布の裁ち方

型紙の片側が「わ」の場合

❶ハトロン紙にシャープペンで型紙を写す。このとき、合印や布目線などもすべて写しておく。

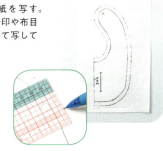

❷「裁ち方図」を見ながら、でき上がり線と平行に縫い代線を引く。曲線部分は、縫い代幅で細かく点を描き、定規をずらしながら、点をつないで曲線を引く。「わ」の部分には縫い代はつけない。

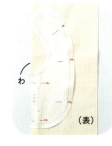

❸型紙を縫い代線でカットし、布を外表に二つ折りにし、型紙をのせてまち針でとめる。布と型紙の「わ」の位置をぴったりと合わせる。

❹型紙にそって布をカットする。切る方向の正面からはさみを入れ、はさみの下の刃を台につけて、切り進める。

❺布の間に両面チャコピーをはさみ、ルレットででき上がり線をなぞる。

❻開くと布の内側にでき上がり線が描かれている。

型紙の片側が「わ」でない場合

布を裏側が表になるように置き、型紙と布の間に転写面を下にして片面チャコピーをはさむ。❺と同じ要領でルレットで線を引く。

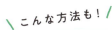 こんな方法も！

 ミシンのガイドを使う

ミシン縫いに慣れてくると、でき上がり線を引かなくても、ミシンのガイドを案内にして縫うことができます。ガイドがないミシンやガイドよりも太幅で縫う場合は、針板にマスキングテープを貼り、布端をテープに合わせて縫うのがおすすめです。

 型紙をカットする

布を縫い代線で裁ったあと、型紙をでき上がり線でカットし、布に置いてチャコペンでなぞります。この場合、布は裏側が表になるように置きます。

 ## 図の見方

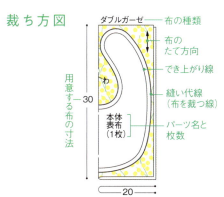

裁ち方図
- ダブルガーゼ — 布の種類
- 布のたて方向
- でき上がり線
- 縫い代線（布を裁つ線）
- パーツ名と枚数
- 本体表布（1枚）
- 用意する布の寸法
- 30
- 20

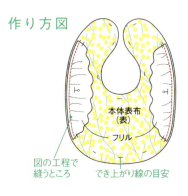

作り方図
- 本体表布（表）
- フリル
- 図の工程で縫うところ
- でき上がり線の目安

直裁ちとは？

型紙を作らず直接布の裏側に製図して裁断する方法。直線縫いで作れるものは、この方法が一番簡単です。水や熱で消えるチャコペンを使うと、描き間違えても安心。

この本で使用する基本テクニック

返し縫い

ミシンの縫い始めと縫い終わりは、ほつれるのを防ぐため、3～4目返し縫いをする。

ジグザグミシン

布端がほつれないようにジグザグミシンでかがる。薄い布の場合は、布端が丸まってしまうので少し内側にかけ、余分をあとからカットする。

縫い代を割る

縫い目の部分で2枚の縫い代を左右に開き、アイロンで押さえる。

縫い代を倒す

縫い目の部分で2枚の縫い代を片側に倒し、アイロンで押さえる。

三つ折り

❶でき上がり線で縫い代を折り、アイロンをかける。

❷折り線で折り、アイロンをかける（作品によっては、折り込む長さが短い場合もある）。

カーブに切り込みを入れる

❶表に返したときにきれいに曲線が出るように、縫い代に切り込みを入れる。縫い目に対して直角になるように。

❷縫い代を片側に倒す。縫い代が重なるようにして折る。

ギャザーの寄せ方
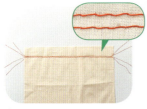
❶ギャザーを寄せたい箇所に4mmくらいの粗い針目で、ミシンを2本かける。返し縫いはせず糸端は長めに残しておく。

❷上糸2本の糸端を引いてギャザーを寄せる。半分まで寄せたら、反対側から寄せる。

❸希望のサイズになったら、目打ちを使い、ギャザーが均一になるように整える。

❹糸端を布の裏側に出して結び、余分な糸をカットする。アイロンでギャザーを落ち着かせる。

返し口のとじ方
P.44からの作り方図の「返し口をとじる」は、「コの字とじ」または「たてまつり」の方法を使いましょう。

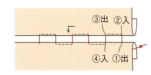

コの字とじ
2枚の布をつき合わせにし、裏側から針を出し、コの字を描くように折り山を縫い合わせる。

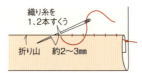

たてまつり
折り山のすぐ下に針を出し、真上の表布を小さく斜めにすくい、折り山をすくう。折り山に垂直に糸が渡る。

バイアステープの作り方
テープメーカーを使うと、簡単に作れます。

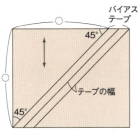

❶布目に対して45度になるように線を引いて布を裁つ。

❷布端をテープメーカーに通して目打ちで布を送り、引きながらアイロンで押さえる。

❸テープを中央で折ってアイロンで押さえ、折り目をつければでき上がり。

バイアステープのつなぎ方

長いバイアステープが必要な場合は、図のようにつなぐ。

パイピングの仕方
バイアステープで布端をくるむことをパイピングといいます。

❶布の裏側で、布とバイアステープの布端を合わせてまち針でとめ、縫う。

❷布端をくるんで表に返し、アイロンで押さえる。表側から縫う。

曲線の場合

カーブの部分は、やや縮めぎみにし、細かくまち針を打つ。

プラスナップのつけ方
ワンタッチでつけられるタイプを紹介します。ハンディプレスが必要な商品もあります。

❶ヘッド2個、凸(ゲンコ)、凹(バネ)各1個と目打ちを用意する。

❷布は、ヘッドをつける側から目打ちで穴をあける。

❸ヘッドの先を穴に差し込み、布を裏返す。凸をヘッドの先にのせる。

❹パチンという音が鳴るまで、指でしっかりとはめ込む。

❺凹も同様につけ、でき上がり。凸と凹がきちんとはまるか確認する。

接着芯の貼り方

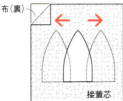

接着芯とは、布の裏側に貼りつけて張りを持たせるための芯。薄い布の補強や伸び止めにもなります。

布の裏側を表にし、接着芯の接着面を下にして重ねる。アイロンを中温のドライの状態にし、布の中央から外側に向かって1カ所につき10秒程度しっかりと押し当てる。熱が冷めるまで放置する。

よく使う用語

- **中表に合わせる**
  2枚の布の表どうしを内側にして合わせる。
- **外表に合わせる**
  2枚の布の表どうしを外側にして合わせる。
- **あき止まり**
  縫わずにあけておく部分と、縫い合わせる部分の境目。
- **返し口**
  布を中表に縫い合わせたあと、表に返すためにあけておく部分。
- **断ち切り**
  縫い代をつけずに、でき上がり線で裁つこと。

43

母子手帳ケース　PHOTO_ P.05

材料
本体表布・ファスナーポケット後ろ面表布、前面裏布
…コットンプリント（グレーと白のストライプ）45cm×20cm
本体裏布・ポケットB・ファスナーポケット前面表布
…コットンプリント（ピンクに白の水玉模様）55cm×20cm
ポケットA、C・ファスナーポケット後ろ面裏布・ペンホルダー
…リネン（生成り）45cm×20cm
縁布・フラップ…リネン（ピンク）10cm×20cm
接着キルト芯30cm×20cm
長さ20cmのフラットニットファスナー（白）1本
直径1cmのスナップ（シルバー）1組

POINT
＊本体とポケットは布を長く縫い合わせ、折りたたんで縫います。
＊各パーツの長さを正確に測って作りましょう。

でき上がりサイズ
（二つ折りにした状態）
たて18cm　よこ12cm

【裁ち方図】　・指定以外はすべて裁ち切り　・単位はcm

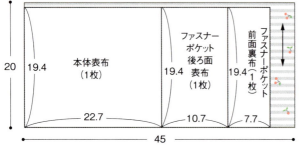

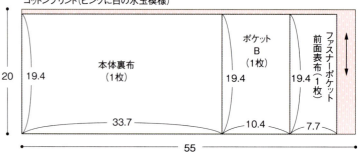

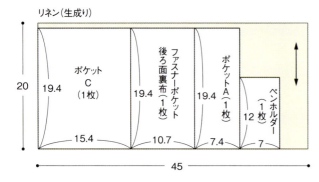

※フラップの実物大型紙はP.46

1 ポケットを作る

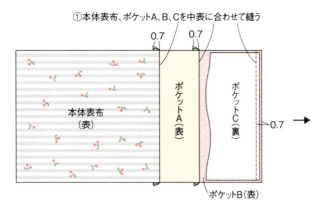

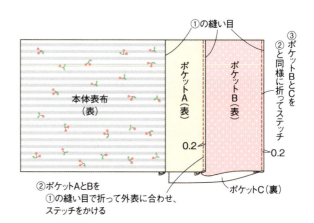

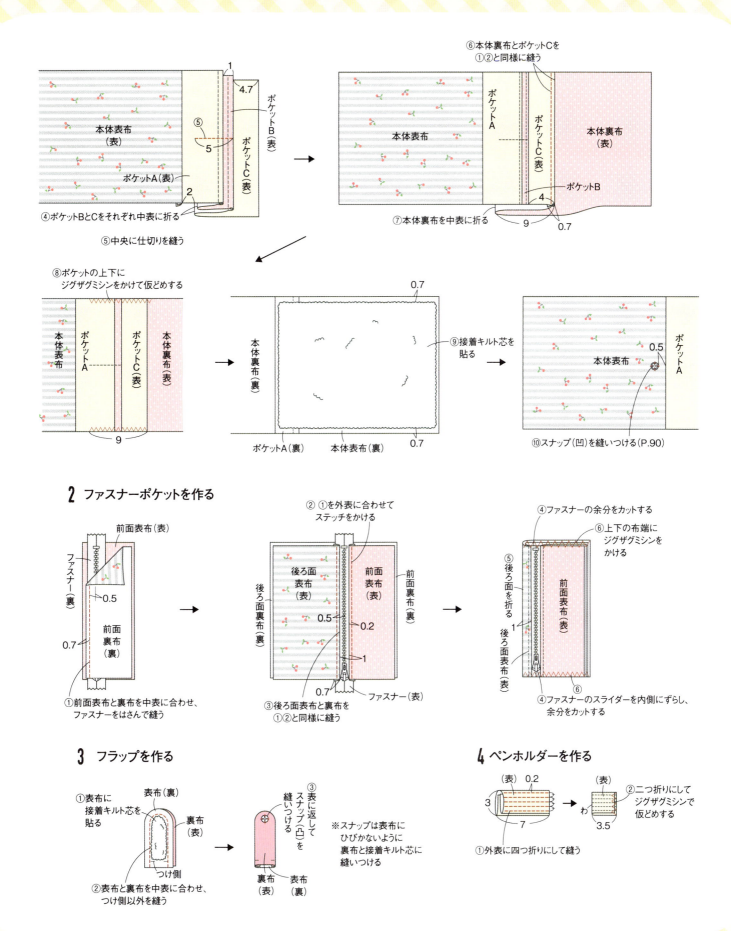

5 本体を作り、仕上げる

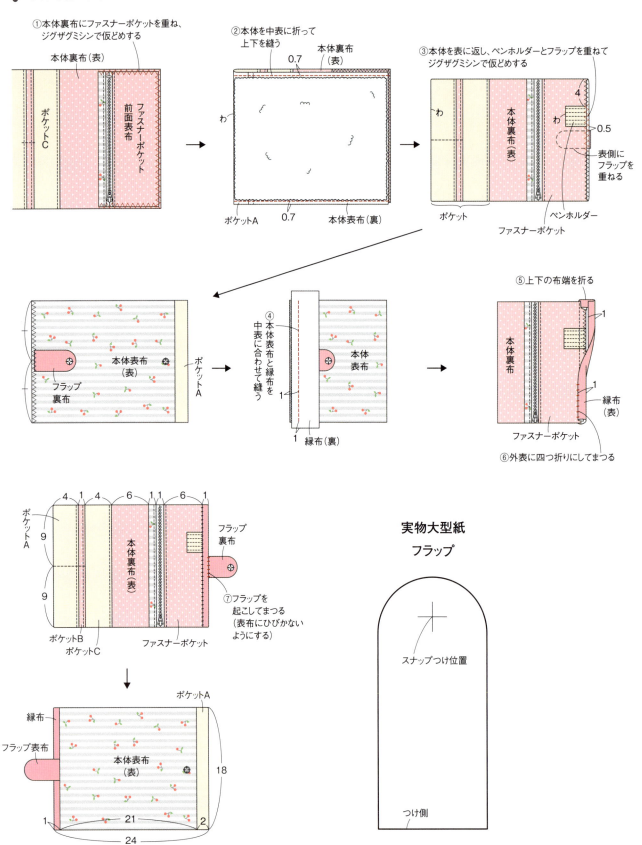

実物大型紙
フラップ

新生児のための帽子

PHOTO_P.06　実物大型紙 A面【1】　SIZE_0〜3カ月

材料
クラウン・折り返し布…フライスニット(生成りのアイレット模様)80cm×30cm

POINT
* 伸縮性のあるニット地を使います。フライスニットの他にスムースニットでもよいでしょう。
* ミシンで縫うときは、先が丸く布地を傷つけないニット地用の針と伸縮性のあるニット地専用糸を使ってください。
* フライスニット、スムースニットはほつれないので端の始末(ジグザグミシン)をかける必要はありません。
* 頭に自然にフィットするように折り返しの寸法を小さくしています。折り返し布を少し伸ばしてクラウンにつけます。

でき上がりサイズ
頭まわり36cm　深さ約12cm

【裁ち方図】・縫い代1cmをつけて裁つ　・単位はcm

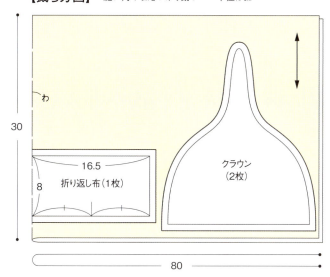

1 クラウンを作る

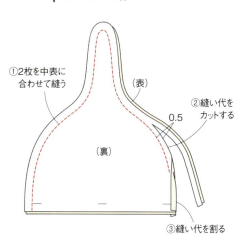

2 折り返し布を作る

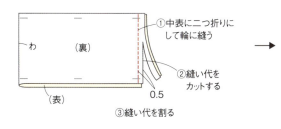

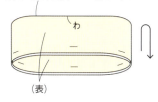

ニット地専用の糸と針を使いましょう。

3 クラウンと折り返し布を縫い合わせる

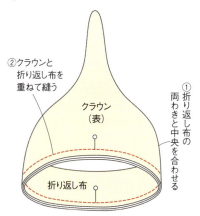

4 仕上げる

おくるみ PHOTO_ P.07

材料
表布…コットンジャガードニット(グレーに白) 90cm×110cm
裏布…ワッフル地(生成り) 90cm×110cm

POINT
＊プリント柄に上下がある布を使うときは、裏布と縫い合わせる際に布の向きに気をつけましょう。

でき上がりサイズ
85cm×85cm

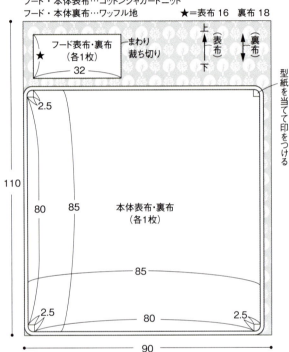

1 フードを作る

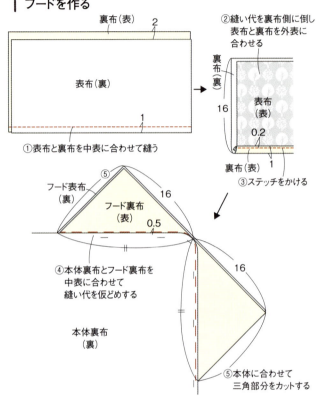

2 本体を作る

3 仕上げる

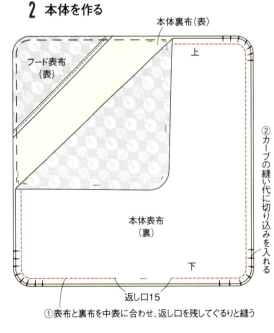

刺しゅうのスタイ PHOTO_P.08 実物大型紙 A面【2】

材料
本体…ダブルガーゼ(白)65cm×30cm
薄手接着芯25cm×20cm
25番刺しゅう糸(グレー、黄色、紫、黄緑、茶色)

POINT
＊ガーゼのようなやわらかい布地には、裏面に接着芯を貼ると刺しゅうをしやすくなります。
＊手縫いで作ってもよいでしょう(手縫いの基礎はP.57)。

でき上がりサイズ
丈14.5cm　幅19.5cm

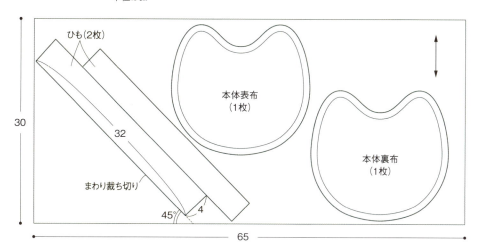

【裁ち方図】・縫い代は指定以外0.7cmをつけて裁つ
・単位はcm

1 ひもを作る

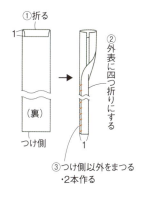

2 本体表布を作る

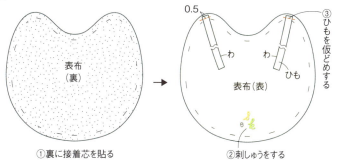

3 本体表布と裏布を縫い合わせ、仕上げる

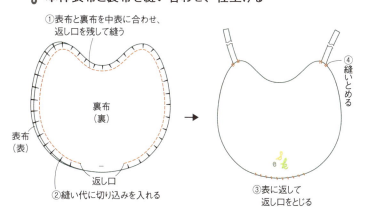

アルファベットサンプラー　PHOTO_ P.09

材料
リネン（生成り）20cm×30cm
接着芯20cm×30cm
25番刺しゅう糸（グレー、ベージュ、黄色、山吹色、淡いオレンジ色、サーモンピンク、紫、藤色、水色、赤、黄緑、若草色、クリーム色、茶色、生成り）

POINT
＊リネンの裏面に接着芯を貼り、表面に図案を写して刺しゅうをします。

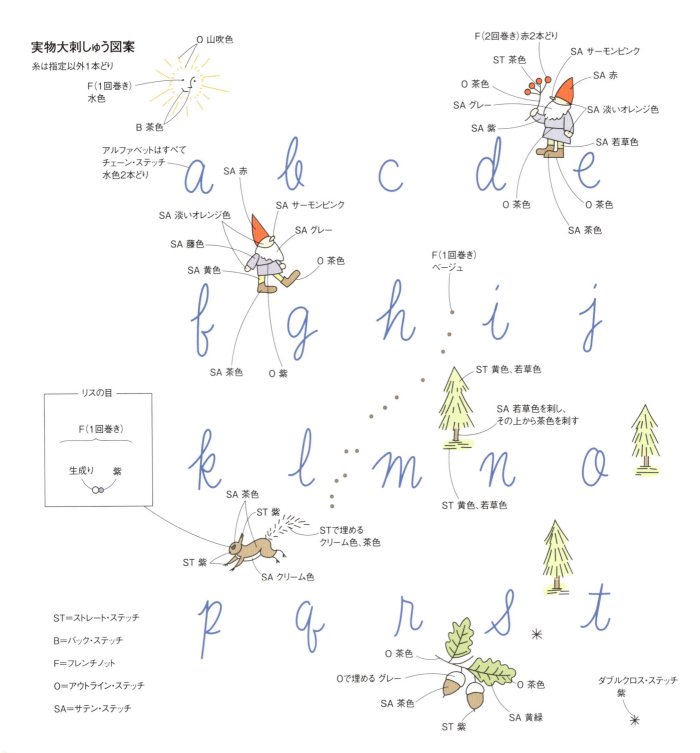

実物大刺しゅう図案
糸は指定以外1本どり

ST＝ストレート・ステッチ
B＝バック・ステッチ
F＝フレンチノット
O＝アウトライン・ステッチ
SA＝サテン・ステッチ

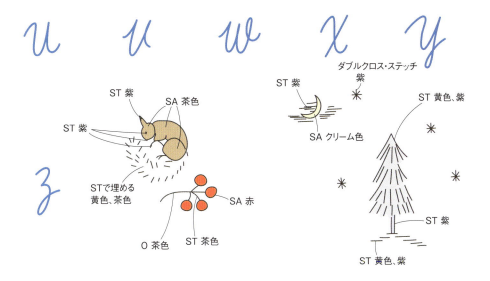

刺しゅうの基礎

刺しゅう糸と針

この本で使用しているのは、6本の細い糸が撚り合わさって1本になっている「25番刺しゅう糸」。40～50cmを引き出して切り、指定の本数で刺します。
針は、糸が通しやすいよう、手縫い針よりも針穴が大きな専用針を使います。

図案の写し方

トレーシングペーパーに図案を写したあと、布(表が上)、布用複写紙(転写面が下)、図案、セロファンの順に重ね、まち針でとめる。出なくなったボールペンなどで図案をなぞって写す。

この本で使用するステッチ

ストレート・ステッチ

サテン・ステッチ
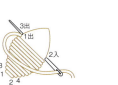

フレンチノット(1回巻き)

フレンチノット(2回巻き)

4回巻きも同じ要領で指定の回数を針に巻きつける

アウトライン・ステッチ
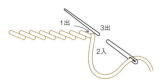

ダブルクロス・ステッチ

チェーン・ステッチ

バック・ステッチ
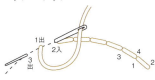

フライ・ステッチ
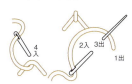

ブランケット・ステッチ
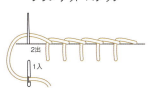

短肌着

PHOTO_P.10　実物大型紙 A面【3】　SIZE_50〜60cm

でき上がりサイズ
後ろ丈31cm　身幅26cm

材料
身ごろ…ダブルガーゼプリント(生成りに金色の星柄)
110cm幅×40cm
1.8cm幅の両折りバイアステープ(生成り)84cm
0.5cm幅のテープ(生成り)100cm

POINT
＊縫い代が直接肌に当たらないように、表面に出るようにしています。
＊すべて手縫いでも作れます(手縫いの基礎はP.57)。その際は縫い始め、2〜3cmおき、縫い終わりにそれぞれ返し縫いをして、糸が抜けないようにします。

【裁ち方図】
・縫い代は指定以外1.5cmをつけて裁つ　・単位はcm
●＝縫い代を折ったときにそでのカーブの形に沿うように裁つ
(P.78 ブルマ、サロペットの裁ち方図を参照)

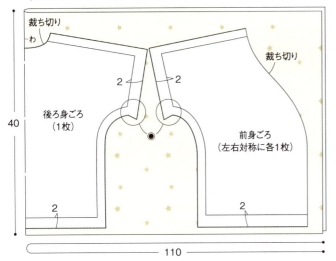

袋縫い
※通常、縫い代は裏面に出しますが、この本では表面に出す作品もあります。

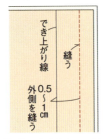

❶2枚の布を合わせ、縫い代幅の半分より外側を縫う。

❷布を開き、縫い代を割り、アイロンで押さえる。

❸❷の縫い代を内側に入れてアイロンで押さえ、でき上がり線を縫う。

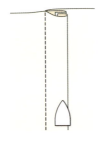

❹縫い代は片側に倒し、アイロンで押さえる。

1 テープを縫う

テープ(25cm)の片端を三つ折りにして縫う
・4本縫う

2 肩を縫う
袋縫いにする
①前後身ごろを中表に合わせて縫う

②外表に合わせてでき上がり位置を縫う

③そで口側の縫い代をカットする

・左肩も同様に縫う

3 そで口を縫う

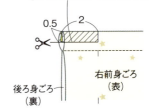

①肩の縫い代を後ろに倒す
②そで口の縫い代を三つ折りにして縫う
・左そで口も同様に縫う

4 わきを縫う

5 すそを縫う

6 バイアステープで布端を始末する

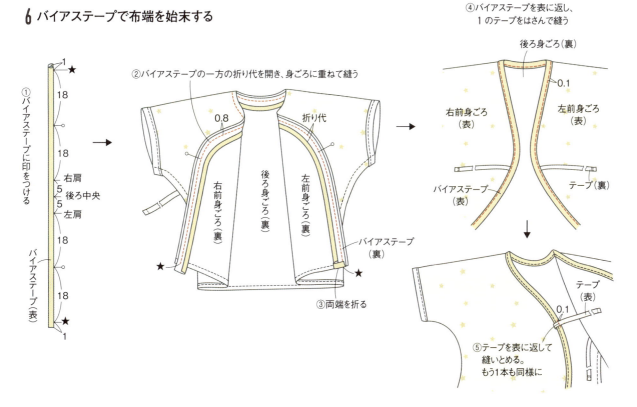

コンビ肌着 PHOTO_P.11　実物大型紙 A面【4】　SIZE_50〜60cm／60〜70cm

でき上がりサイズ
50〜60cm用
後ろ丈38.5cm　身幅26cm
60〜70cm用
後ろ丈40.5cm　身幅28cm

材料
身ごろ…スムースニット（グレー）
120cm幅×50cm
1.8cm幅の両折りバイアステープ
（白に紺のストライプ）185cm
0.5cm幅の綿テープ（生成り）50cm
1.8cm幅の面ファスナー（白）12cm
直径0.9cmのプラスナップ（生成り）3組
4.5cm×5cmのフロッキープリント
（アイロン接着）1枚

POINT
＊ニット地はスムースニットのかわりにフライスニットを使ってもよいでしょう。
＊スムースニットやフライスニットは裁ち切りでもほつれず、ジグザグミシンをかけない方がすっきりと仕上がります。
＊ミシンで縫うときは、先が丸く布地を傷つけないニット地用の針と、伸縮性のあるニット地専用糸を使ってください（P.47参照）。
＊縫い目は波打ちやすいので、縫ったらその都度アイロンを当てて落ち着かせます。

【裁ち方図】
・縫い代は指定以外 1cmをつけて裁つ
・単位はcm
◉＝縫い代を折ったときにそでのカーブの形に沿うように裁つ
面ファスナーのつけ位置は型紙に穴をあけて印をつける
（ともにP.78 ブルマ、サロペットの「フリル位置の印のつけ方」を参照）

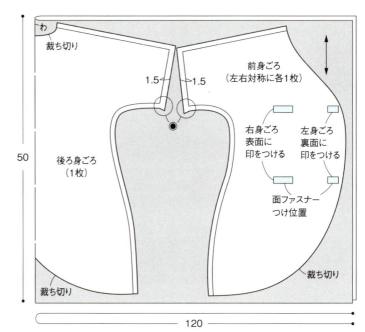

1 テープを縫う

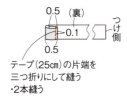

テープ（25cm）の片端を三つ折りにして縫う
・2本縫う

2 肩を縫う

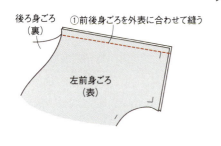

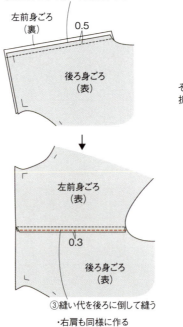

・右肩も同様に作る

3 そで口を縫う

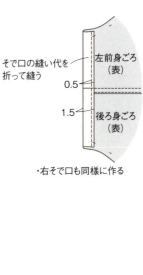

・右そで口も同様に作る

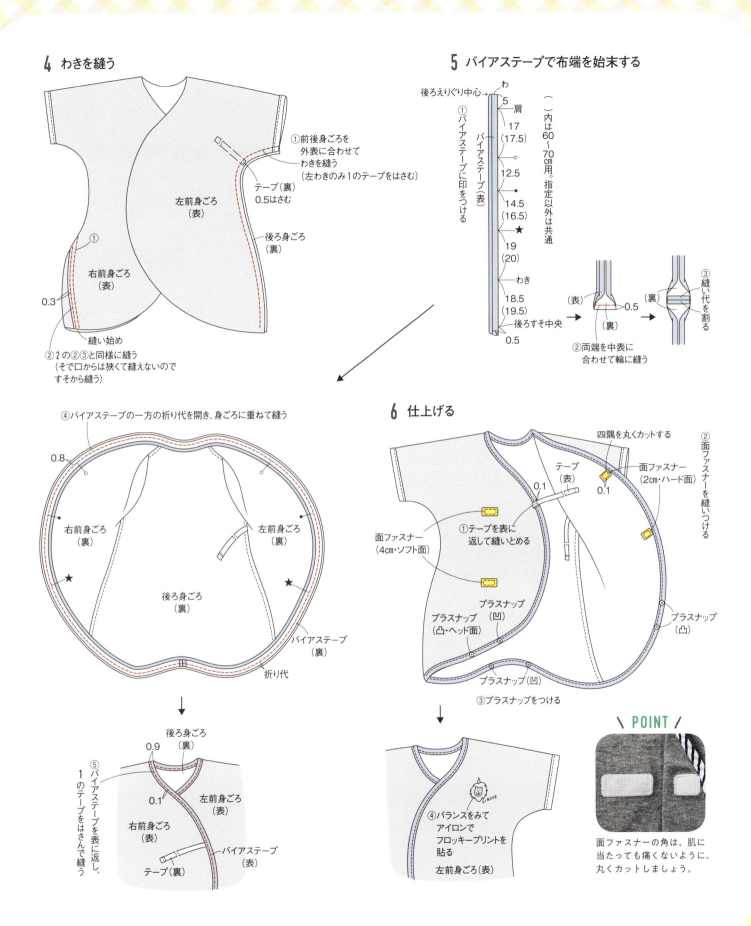

くまのスタイ PHOTO_P.12 実物大型紙 A面【5】

材料
本体・ひも…ダブルガーゼ(生成り)60cm×30cm
1cm幅のゴムテープ(白)22cm
25番刺しゅう糸(こげ茶)

POINT
* ひもはあらかじめ本体に仮どめしてから本体表布・裏布を縫い合わせるとしっかりと縫いつけられます。
* 刺しゅうがほつれないように、裏面できちんと糸始末をしましょう。

でき上がりサイズ
丈19cm 幅22cm

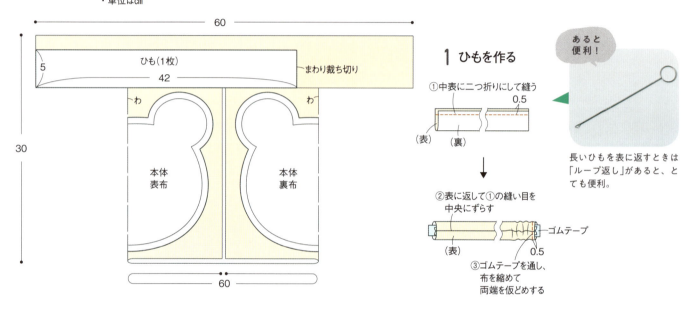

2 本体表布を作る

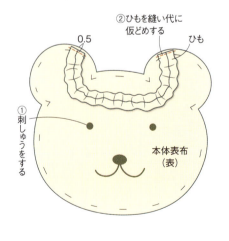

3 本体表布と裏布を縫い合わせ、仕上げる

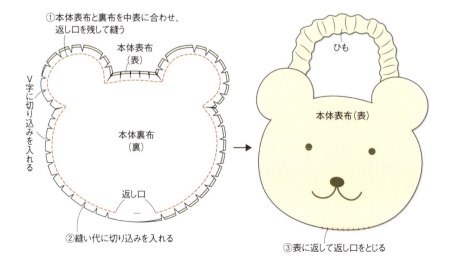

ガーゼハンカチ　PHOTO_P.13　実物大型紙　A面【6】

でき上がりサイズ
20cm角

材料
本体…ダブルガーゼ(A水色　Bクリーム色)50cm×30cm
薄手接着芯2.5cm×2.5cm
25番刺しゅう糸(A藤色、生成り　Bグレー、藤色、水色、赤、黄緑、淡いオレンジ色、サーモンピンク、茶色)

POINT
＊ダブルガーゼはやわらかいのでミシンではやや縫いづらい布です。まち針を多めに打ち、しつけをしてゆっくり縫いましょう。
＊手縫いで作ってもよいでしょう。

【裁ち方図】
・縫い代0.7cmをつけて裁つ
・単位はcm

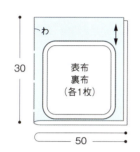

1　表布に刺しゅうをする

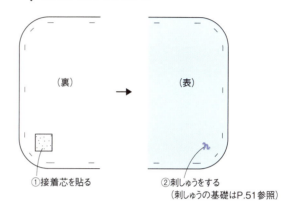

①接着芯を貼る
②刺しゅうをする
（刺しゅうの基礎はP.51参照）

2　表布と裏布を縫い合わせ、仕上げる

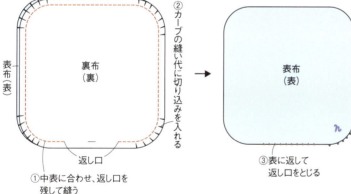

①中表に合わせ、返し口を残して縫う
②カーブの縫い代に切り込みを入れる
③表に返して返し口をとじる
④角に刺しゅうをする

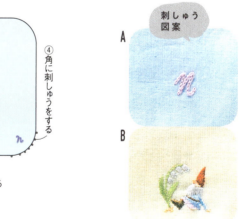

刺しゅう図案　A　B

手縫いの基礎

縫い始めと縫い終わり

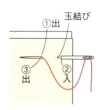

❶1針出したら、針を入れた位置にもう一度糸を通す

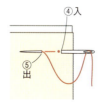

❷同じところをもう一度縫う。これを「二度縫い」という。縫い終わりも同様に二度縫いし、玉どめをする。

並縫い

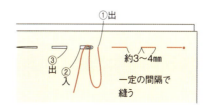

❶約3〜4mmの一定の間隔で縫う。裏側も等間隔の縫い目になる。

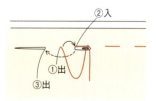

❷2〜3cm並縫いしたら、1針分戻って針を入れ、2針分先に針を出す（返し縫い）。❶、❷をくり返すと丈夫に仕上がる。

57

巾着　PHOTO_P.13　実物大型紙A面【7】

材料
本体…ダブルガーゼ(生成り)50cm×50cm
薄手接着芯 4cm×4cm
0.3cm幅のテープ(生成り)120cm
25番刺しゅう糸(グレー、水色)

POINT
＊手縫いで作ってもよいでしょう(手縫いの基礎はP.57)

でき上がりサイズ
たて19cm　よこ20cm

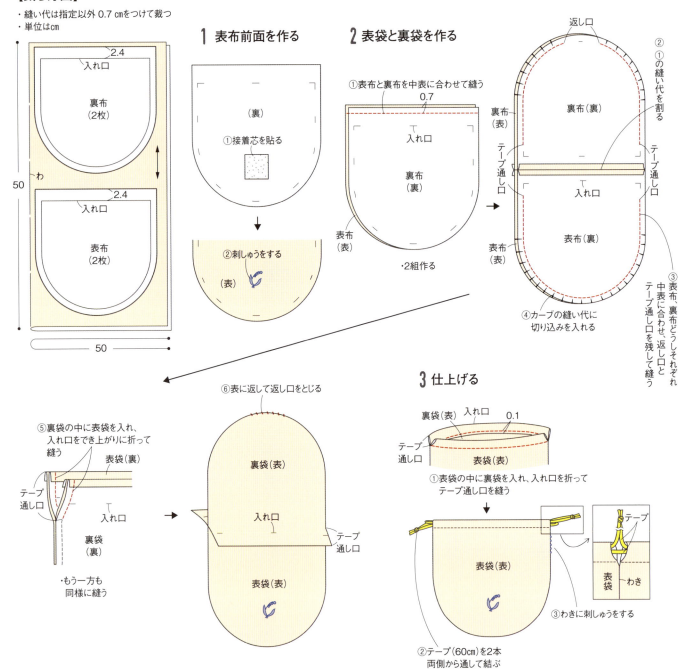

くまのにぎにぎ PHOTO_P.14

でき上がりサイズ
たて9cm　よこ10.5cm

材料
本体・耳…オーガニックコットンパイル
(淡いオレンジ色)30cm×15cm
25番刺しゅう糸(こげ茶)
手芸用化繊わた適量
プラスチック製の鈴1個

POINT
＊本体の型紙は正円ですが、パイル地は横方向に少し伸びるので、でき上がりは楕円形になります。
＊パイル地はアイロンを表面からかけられないので、表に返すときは目打ちや針などで縫い目を引っ張り出し、内側から指を入れて形を整えましょう。

【裁ち方図】・縫い代0.5cmをつけて裁つ
・単位はcm

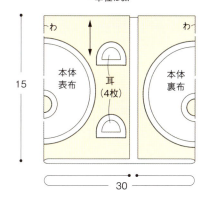

実物大型紙、刺しゅう図案
・刺しゅうは糸6本どり
・刺しゅうの基礎はP.51

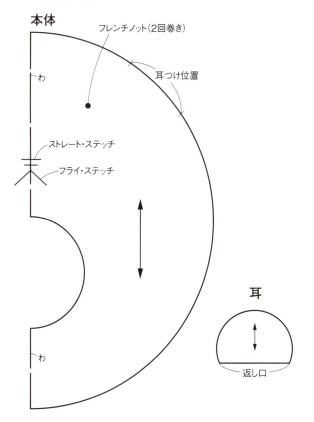

1 耳を作る

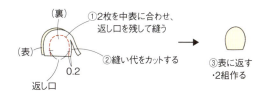

2 本体表布を作る

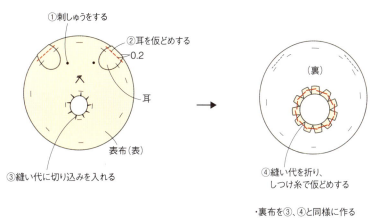

・裏布を③、④と同様に作る

3 本体表布と裏布を縫い合わせ、仕上げる

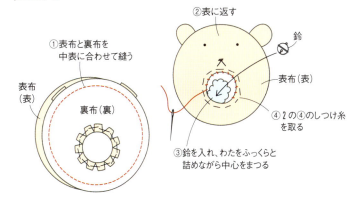

カラフルボール PHOTO_ P.14

材料
パッチワーク布…コットン(色、柄は写真参照)
10cm×10cmを12種　各1枚
手芸用化繊わた適量
プラスチック製の鈴1個

POINT
＊パッチワーク布は縫い合わせる前に並べて色のバランスを確認しましょう。
＊薄手の布には接着芯を貼り、厚みをそろえましょう。

でき上がりサイズ
直径約10cm

実物大型紙
縫い代0.7cmを
つけて裁つ

パッチワーク布(12枚)

1 パッチワークをする

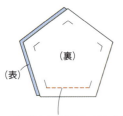

①2枚を中表に合わせて一辺を縫う
（縫い代は縫わない）

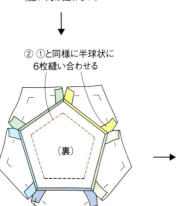

② ①と同様に半球状に6枚縫い合わせる
③縫い代を割る
④残りの6枚も①〜③と同様に作る

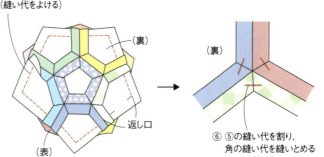

⑤2組の角をずらして中表に合わせ、返し口を残して縫う（縫い代をよける）

⑥⑤の縫い代を割り、角の縫い代を縫いとめる
・15カ所同様に

2 仕上げる

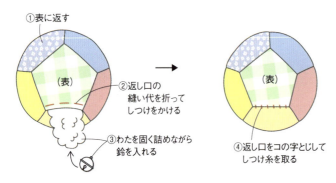

①表に返す
②返し口の縫い代を折ってしつけをかける
③わたを固く詰めながら鈴を入れる
④返し口をコの字とじしてしつけ糸を取る

ライオンのタグおもちゃ PHOTO_ P.15 実物大型紙 A面【8】

でき上がりサイズ
たて17cm よこ20cm

材料
表布…タオル地(生成り)25cm×20cm
裏布…コットンブロード(オレンジ色と白のストライプ)25cm×20cm
芯材…厚手ビニール(ショップの袋などシャカシャカ音のするもの)25cm×20cm
アップリケ布…洗えるフェルト(緑、黄土色)各5cm×5cm
0.5～1.6cm幅のリボン(色は写真参照)10cmを16枚
3.5cm×2cmのワッペン1枚
25番刺しゅう糸(こげ茶、ピンク)

POINT
＊作品では市販のタオルハンカチを使用しています。
＊飾りは赤ちゃんが引っ張っても取れないようにしっかりと縫いつけましょう。
＊角のカーブには切り込みを約1cm間隔で、縫い目のきわまで入れるときれいに表に返せます。その際、赤ちゃんがリボンを引っ張ったときに裂けてしまう恐れがあるので、リボンつけ位置には切り込みを入れないようにします。

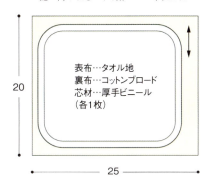

【裁ち方図】
・縫い代1cmをつけて裁つ ・単位はcm

1 表布を作る

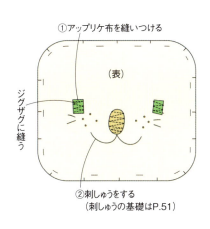

2 表布にリボンを仮どめする

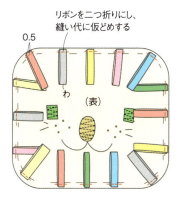

3 表布と裏布を縫い合わせる

4 仕上げる

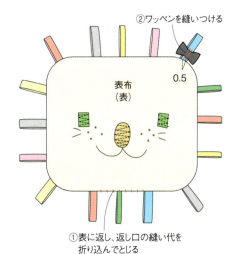

裏布は、乾きやすいようブロードなど薄手の生地を使いましょう。

レッグウォーマー　PHOTO_ P.16

できあがりサイズ
丈約30cm　筒まわり20cm

材料

A
本体…アラン風ニット地（ピンク）50cm×30cm
ベルト…リブニット地（白）30cm×15cm
中細毛糸（グレー）少々

B
本体…ボアニット地（白）50cm×30cm
ベルト…リブニット地（紺）30cm×7cm
（グレー）30cm×5cm
アップリケ布…ニット地（グレーと白ストライプ、
ベージュと白のストライプ）各15cm×15cm
接着芯…30cm×15cm

POINT

＊本体わきにジグザグミシンをかけると布端が波打つので、アイロンを当てて布を平らに整えましょう。
＊ミシンで縫うときは、先が丸く布地を傷つけないニット地用の針と伸縮性のあるニット地専用糸を使ってください（P.47参照）。
＊本体とベルトを直線縫いで縫い合わせると布が伸び縮みしません。伸縮性をもたせるためジグザグミシンや、裁ち目かがり縫い、ロックミシンなどで縫い合わせましょう。

【裁ち方図】・布は裁ち切り　・単位はcm

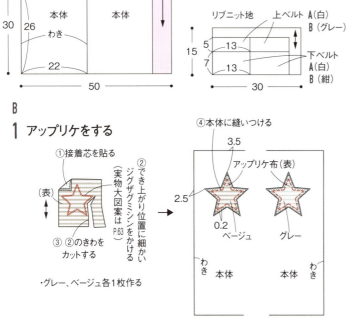

A

1 本体を作る

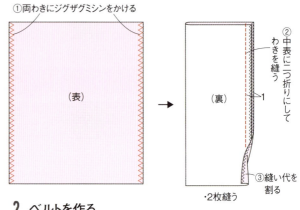

2 ベルトを作る

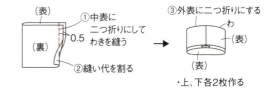

3 本体とベルトを縫い合わせ、仕上げる

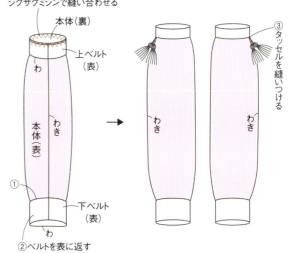

B

1 アップリケをする

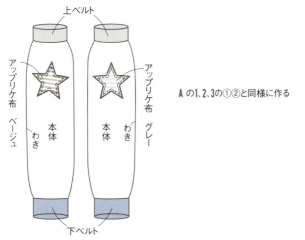

2 本体とベルトを縫い合わせ、仕上げる

Aの1、2、3の①②と同様に作る

三角スタイ PHOTO_P.17 実物大型紙 A面【9】

材料
本体表布…コットンプリント(A青と茶色　B緑)25cm×35cm
本体裏布…タオル地(Aクリーム色　B生成り)25cm×35cm

直径0.9cmのプラスナップ(生成り) 1組

POINT
＊やわらかいタオルの裏布は、表布と縫い合わせてからカットするのでずれることがなく、あっという間に作れます。
＊作品では市販のタオルを使用していますが、タオル生地でもOKです。

でき上がりサイズ
丈11.5cm　幅19cm

【裁ち方図】
・縫い代 0.5 cmをつけて裁つ
・単位はcm

1 本体表布と裏布を縫い合わせる

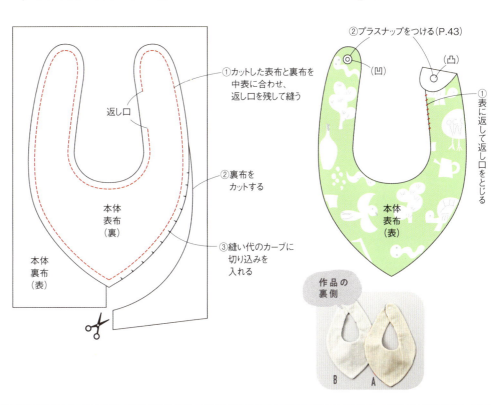

①カットした表布と裏布を中表に合わせ、返し口を残して縫う
②裏布をカットする
③縫い代のカーブに切り込みを入れる

2 仕上げる

②プラスナップをつける(P.43)
(凹) (凸)
①表に返して返し口をとじる

作品の裏側

P.62 レッグウォーマー

A タッセルの作り方

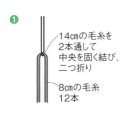

❶ 14cmの毛糸を2本通して中央を固く結び、二つ折り
8cmの毛糸 12本

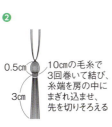

❷ 0.5cm / 3cm
10cmの毛糸で3回巻いて結び、糸端を房の中にまぎれ込ませ、先を切りそろえる

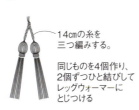

❸ 14cmの糸を三つ編みする。同じものを4個作り、2個ずつひと結びしてレッグウォーマーにとじつける

B 実物大図案　アップリケ布

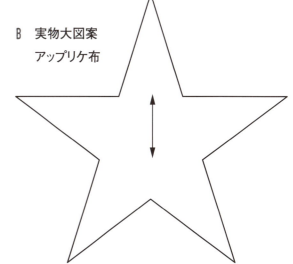

お食事エプロン　フリルそで／長そで

PHOTO_ P.22,23　実物大型紙　A面【12】　SIZE_70～90cm

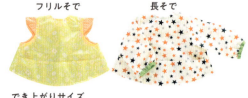

材料
フリルそで
身ごろ・ポケット…ナイロンプリント地(黄色の花柄)90cm×50cm
フリル・バイアス布…ダブルガーゼ
(サーモンピンクに白の水玉模様)55cm×35cm
2cm幅の面ファスナー(白)2cm

長そで
身ごろ・そで・ポケット…ナイロンプリント地(生成りに赤、紺の星柄)90cm×80cm
そで口・バイアス布…ダブルガーゼ(黄緑)40cm×30cm
2cm幅の面ファスナー(白)2cm
1cm幅のゴムテープ32cm

でき上がりサイズ
身幅34cm(共通)
丈28.5cm(共通)
そで丈4.5cm(フリルそで)　27cm(長そで)

POINT
＊カーブの部分やバイアス布は伸びやすいので、縫い代を始末するときに布を引っ張らないようにしましょう。
＊ナイロン地は熱に弱いので、アイロンをかけるときは低温で当て布をしてかけましょう。

【裁ち方図】
・縫い代は指定以外1cmをつけて裁つ　・単位はcm

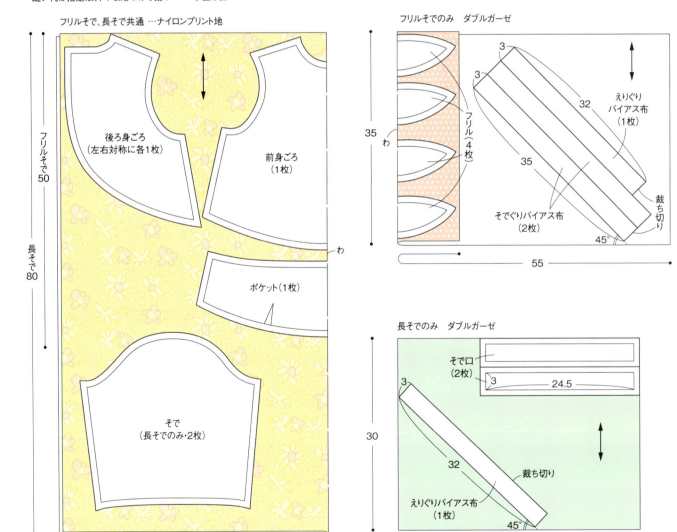

フリルそで

1 ポケットを作る

①ポケット口の縫い代に
ジグザグミシンをかける

0.7

②縫い代を
折って縫う

（表）

（裏）

③ダーツを縫う
縫い始めと縫い終わりは
返し縫いはせず、
糸を長く残して結ぶ

前身ごろ
（表）

ポケット（表）

0.5

④ダーツを中心側に倒す

⑤前身ごろの縫い代に仮どめする

2 フリルを縫う

0.5

（裏）

①2枚を中表に合わせて
そで口を縫う

②縫い代をカットして
切り込みを入れる

③表に返す

・2枚縫う

3 肩を縫う

②縫い代に
ジグザグミシンを
かける

後ろ身ごろ
（表）

①前後身ごろを
中表に合わせて
肩を縫う

③縫い代を
後ろに
倒す

前身ごろ（裏）

4 フリルをつける

後ろ身ごろ
（表）

フリル
（表）

①フリルを
仮どめする

0.5

そで口

前身ごろ
（表）

そでぐりバイアス布
（裏）

後ろ身ごろ
（表）

②身ごろと
バイアス布を
中表に合わせて
縫う

1

フリル

③縫い代に
切り込みを入れる

前身ごろ
（表）

（裏）

1

そでぐり
バイアス布
（表）

④バイアス布を表に返し、
図のように折って縫う

後ろ身ごろ
（裏）

0.2

フリル

そでぐり
バイアス布
（表）

前身ごろ
（裏）

・もう一方も同様につける

5 わきを縫う

そでぐりバイアス布（表）

前身ごろ
（表）

①前後身ごろを
中表に合わせて
わきを縫う

後ろ身ごろ
（裏）

②縫い代に
ジグザグミシンを
かけて後ろに
倒す

③バイアス布を表から見えないように
縫いとめる
・もう一方も同様に縫う

6 後ろ身ごろからすそを続けて縫う

後ろ身ごろ
（表）

前身ごろ
（裏）

0.7

縫い代にジグザグミシンをかけ、折って縫う

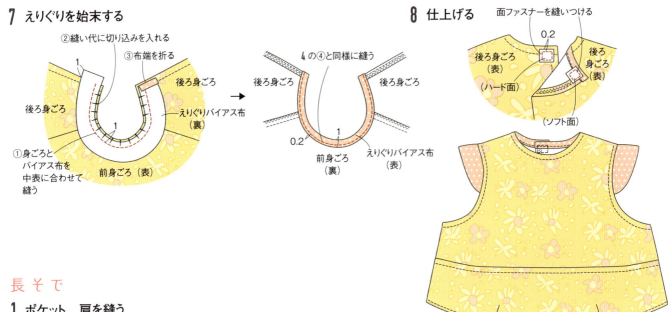

長そで

1 ポケット、肩を縫う

フリルそでの 1、3 と同様に縫う

2 そでをつけ、そで下からわきを縫う

3 後ろ身ごろからすそを続けて縫い、えりぐりを始末する

フリルそでの 6～8 と同様に縫う

4 そで口を作る

5 そで口を始末して仕上げる

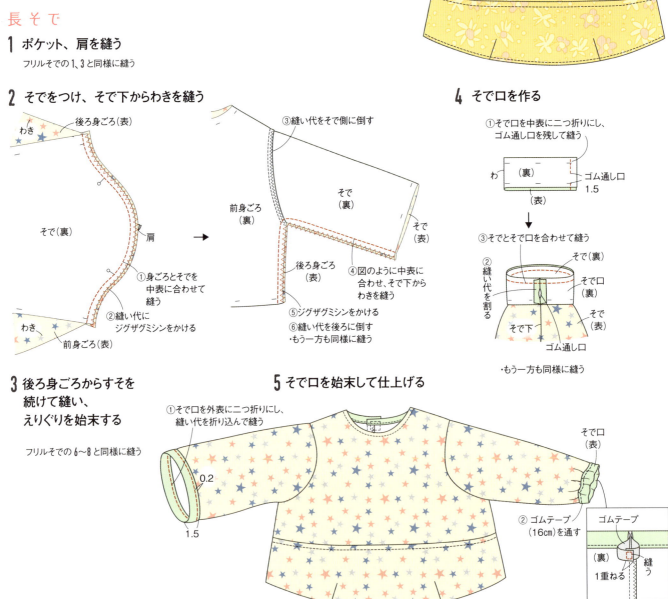

巾着バッグ3点セット　PHOTO_P.20

でき上がりサイズ
A 深さ23cm　入れ口幅16cm
B 深さ16cm　入れ口幅20cm
C 深さ16cm　入れ口幅28cm

材料
A 哺乳瓶ケース
本体表布上…コットンプリント(白にピンクのしま模様)40cm×10cm
本体表布下…コットン無地(濃ピンク)18cm×40cm
口布…ギンガムチェック(白とピンク)20cm×15cm
持ち手…コットンプリント(ピンクに白の水玉模様)10cm×40cm
本体裏布…コットン無地(淡ピンク)18cm×56cm
接着キルト芯16cm×54cm
保温保冷シート18cm×56cm
直径0.4cmのワックスコード(生成り)92cm

B マグケース
本体表布上…コットン(紺と白のストライプ)45cm×10cm
本体表布下…コットンプリント(青に白の大きな水玉模様)22cm×30cm
口布…コットンプリント(青に白の小さな水玉模様)25cm×15cm
持ち手・本体裏布…コットン無地(水色)30cm×45cm
接着キルト芯20cm×40cm
保温保冷シート22cm×42cm
直径0.4cmのワックスコード(生成り)108cm

C ランチバッグ
本体表布上…コットン無地(生成り)30cm×20cm
本体表布下…コットンプリント(緑に白の水玉模様)30cm×32cm
口布…コットンプリント(緑)35cm×15cm
持ち手・本体裏布…コットン無地(黄色)40cm×45cm
接着キルト芯28cm×42cm
保温保冷シート30cm×44cm
直径0.4cmのワックスコード(生成り)140cm

POINT
＊保温保冷シートはミシン目が細かすぎると破れてしまうので、3～4mm程度の粗めの針目で縫います。

【裁ち方図】
・縫い代は指定以外1cmをつけて裁つ
・単位はcm
・保温保冷シートは裏布と同寸に裁つ

A 哺乳瓶ケース

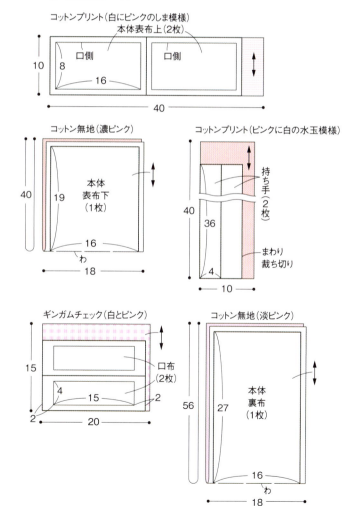

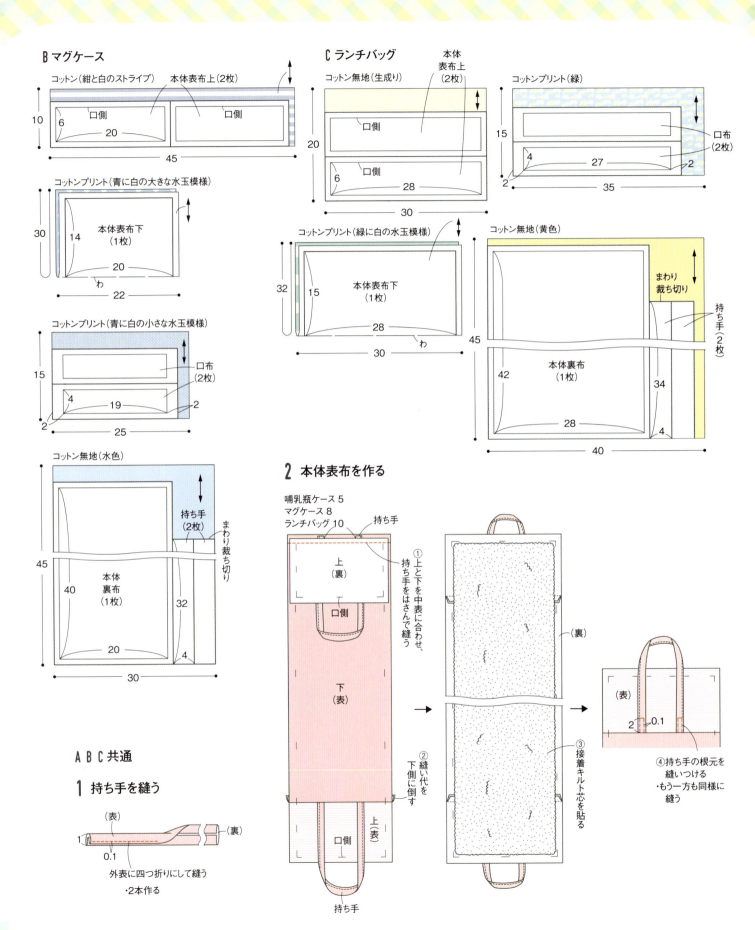

3 本体裏布を縫う

4 口布を縫う

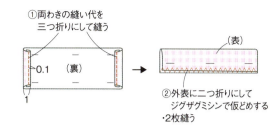

5 表袋と裏袋を作る

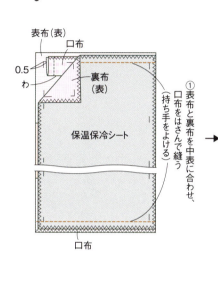
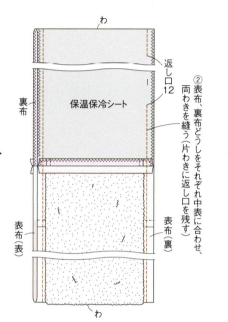
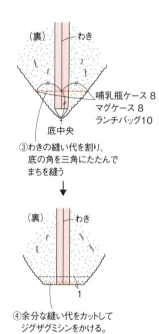

6 仕上げる

A 哺乳瓶ケース

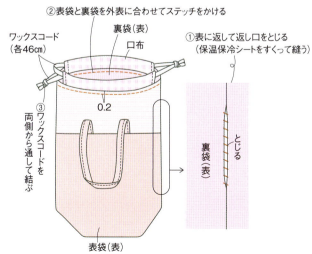

B マグケース

C ランチバッグ

おめかしエプロン

PHOTO_ P.21　実物大型紙　A面【11】　SIZE_80～90cm

材料
胸当て…ナイロンプリント地(ピンクの花柄)40cm×20cm
スカート中央布…ナイロンプリント地(白に黄緑の水玉模様)
25×30cm
スカートわき布・ウエストベルト…ナイロンプリント地
(白と赤の千鳥格子)55cm×45cm
3cm幅のリボン(黄色)170cm

POINT
*ナイロン地は熱に弱いので、アイロンをかけるときは低温で当て布をしてかけましょう。

でき上がりサイズ
丈41cm

【裁ち方図】
・縫い代は指定以外1cmをつけて裁つ
・単位はcm

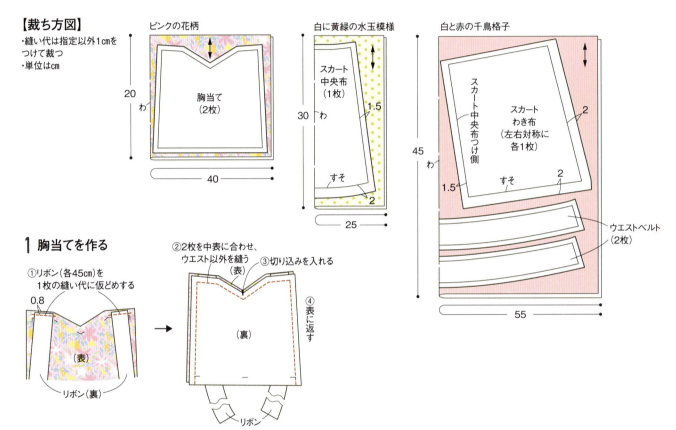

1 胸当てを作る

2 スカートを作る

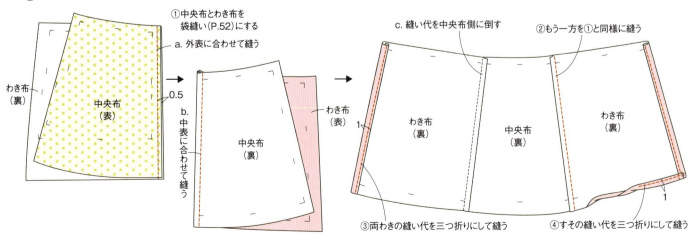

3 ウエストベルトと胸当てを縫い合わせる

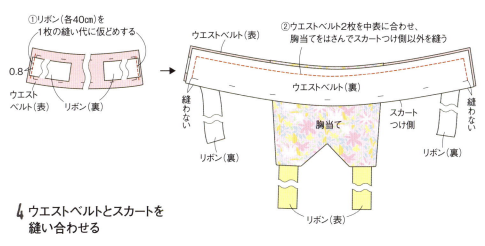

4 ウエストベルトとスカートを縫い合わせる

5 仕上げる

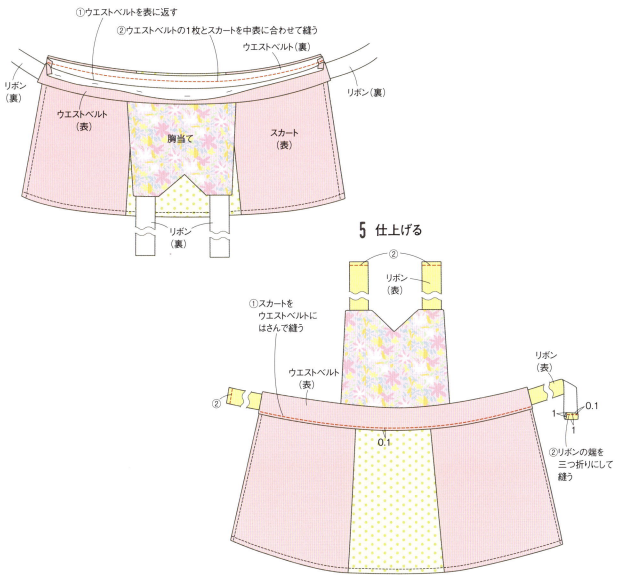

お食事スタイ PHOTO_P.19 実物大型紙 A面【10】

材料
本体・ポケット…ラミネートプリント地(グレーに白の花柄)
50cm×40cm
1.1cm幅の縁どり用バイアステープ(ベージュ)160cm
直径2.2cmの面ファスナー(白)1組

POINT
＊本体につけるバイアステープは、縫いつける前に輪郭に合わせて曲げ、くせをつけておくと縫いやすくなります。
＊ラミネート地は針のあとが残るので、縫い直しができません。まち針のかわりにクリップを使いましょう。

でき上がりサイズ
丈22cm 幅23.5cm

【裁ち方図】
・布は裁ち切り
・単位はcm

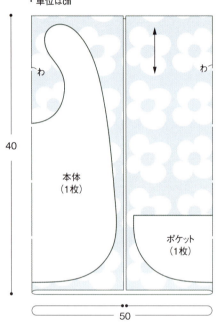

1 ポケット口のパイピングをする

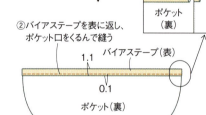

2 ポケットを本体に仮どめする

3 まわりにパイピングし、仕上げる

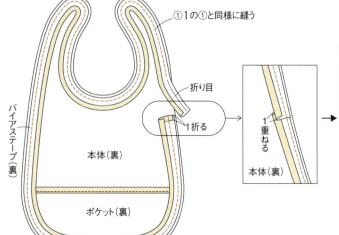

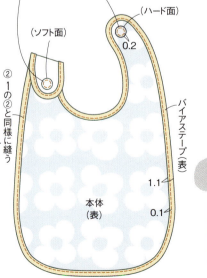

作品の裏側

チューリップハット

PHOTO_P.32　実物大型紙 B面【18】　SIZE_44cm／46cm／48cm

材料
表布…コットンプリント
（Aピンクの花柄　Bミントグリーンの花柄）80cm×25cm
裏布…コットンプリント（グレーに白）80cm×25cm
接着芯2cm×2cm
0.7cm幅のゴムテープ（白）
44cm用73cm／46cm用75cm／48cm用77cm

POINT
＊両わきを縫うときは、頂点の位置を合わせるためトップから縁に向かって縫います。
＊カーブの縫い代を割るときは、アイロン台の丸みのあるところに縫い目を沿わせ、カーブをつぶさないようにします。
＊ゴムを通さなくてもかぶれるので、手軽に作るなら、ゴム通し口を作らなくてもOKです。

A

B

でき上がりサイズ
頭まわり
44cm用　46cm
46cm用　49cm
48cm用　52cm

【裁ち方図】
・縫い代0.7cmをつけて裁つ
・単位はcm
・ゴムテープ通し位置に型紙に穴をあけて印をつける（P.78ブルマ、サロペットの「フリル位置の印のつけ方」を参照）

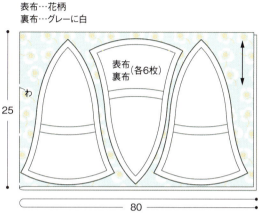

1 表布にゴムテープの通し口を作る

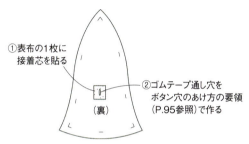

①表布の1枚に接着芯を貼る
②ゴムテープ通し穴をボタン穴のあけ方の要領（P.95参照）で作る

2 表布を縫い合わせる

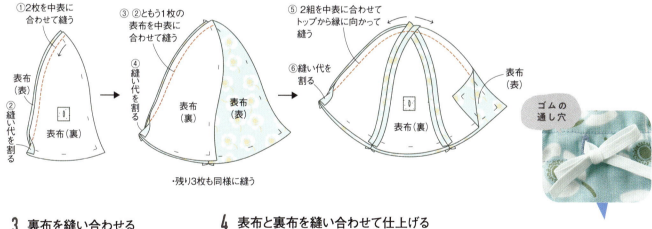

3 裏布を縫い合わせる

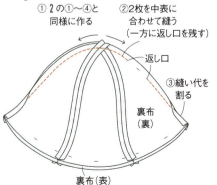

4 表布と裏布を縫い合わせて仕上げる

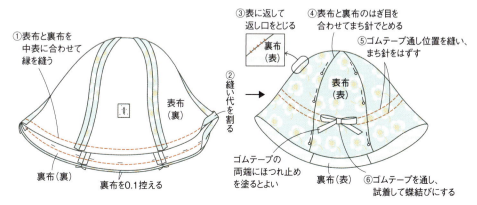

オムツポーチ＆シート　PHOTO_p.25

材料
シート本体A面・ポーチ本体、ポケット、パイピング布
…ラミネートプリント地(生成り)90cm×100cm
(シートのみ作る場合は57cm×42cm、ポーチのみ作る場合は90cm×80cm)
シート本体B面…ダブルガーゼ(紫と白のギンガムチェック)57cm×42cm
1.8cm幅のリネンテープ(ベージュ)77cm
(シートのみ作る場合は54cm、ポーチのみ作る場合は23cm)
1.4cm幅の杉綾テープ(紫)23cm
長さ40cmのフラットニットファスナー(紫)1本
直径1cmのマグネットホック(縫いつけタイプ/シルバー)1組

POINT
* ポーチのパイピングは縫い代が多く重なります。縫いにくいようであればパイピング布に薄手の布を使ったり、薄手のテープを二つ折りにして縫い代をくるんでもよいでしょう。
* ラミネート地は針穴が残るので、まち針のかわりにクリップを使い、縫い直しをしないようにしましょう(写真a)。
* ミシンの押さえ金をテフロン押さえにしたり、ハトロン紙やトレーシングペーパーを重ねて縫うと、布をスムーズに送れます(写真b)。

でき上がりサイズ
シート　55cm×40cm
ポーチ　深さ16cm　幅20cm
　　　　まち10cm

a　　b

【裁ち方図】
・縫い代は指定以外0.7cmをつけて裁つ　・単位はcm
●＝まち4.5　▲＝わき8

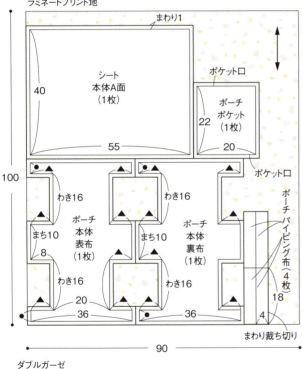

オムツポーチ

1 持ち手を作る

テープ(各17cm)を重ねて縫う
リネンテープ(表)　杉綾テープ(表)

2 タブを作る
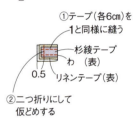
①テープ(各6cm)を1と同様に縫う
②二つ折りにして仮どめする
杉綾テープ　わ　(表)
リネンテープ(表)

3 ポケットを作る
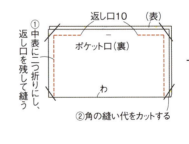
①中表に二つ折りにし、返し口を残して縫う
返し口10　(表)
ポケット口(裏)
わ
②角の縫い代をカットする

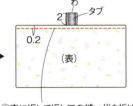
③表に返して返し口の縫い代を折り込みタブを中央にはさんでポケット口にステッチをかける

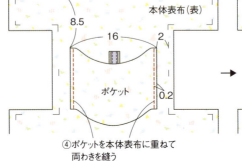
④ポケットを本体表布に重ねて両わきを縫う

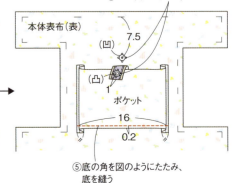
⑥マグネットホックを縫いつける
⑤底の角を図のようにたたみ、底を縫う

4 ファスナーを縫いつける

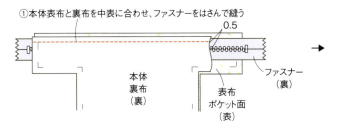
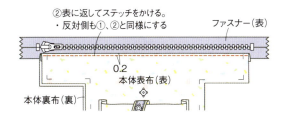

5 まちを縫う

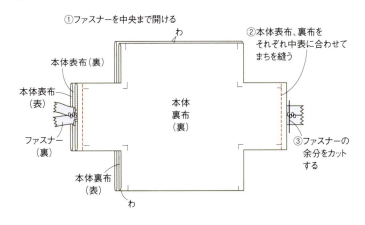

6 わきを縫う

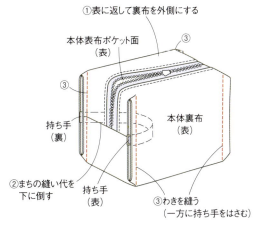

7 わきの縫い代をパイピング布でくるむ

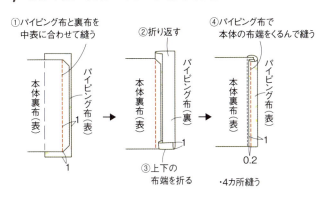

8 表に返して形を整える

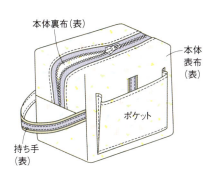

シート

1 テープを仮どめする

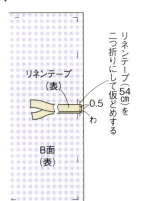

2 本体A面とB面を縫い合わせる

3 仕上げる

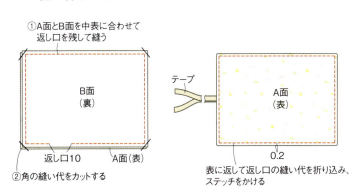

フリルのスタイ／リボンスタイ

PHOTO_ P.26,27　実物大型紙　B面【13】

でき上がりサイズ
幅17cm　丈10cm

材料
A・B共通／
本体表布…ダブルガーゼ
(A黄色の花柄プリント／B紺に白のストライプ)20cm×30cm
(P.78のブルマを一緒に作る場合は110cm幅×65cm、サロペットを作る場合は110cm幅×75cm)
本体裏布…タオル地(白)20cm×30cm
Aのみ／フリル…コットンブロード(白)30cm×20cm
Bのみ／リボン…ローンプリント(紺に白の水玉)15cm×10cm
直径0.9cmのプラスナップ(生成り)1組

POINT
＊首まわりの縫い代には、カーブの形に合わせて前は1cm間隔、後ろは0.5cm間隔、両端はV字に切り込みを入れます。こうすることで、表に返したときにきれいに仕上がります。
＊手縫いで縫う場合は裏布には薄手の布を使いましょう(手縫いの基礎はP.57)。
＊Aのフリルはブロード、シーチング、ローンなど薄手の布が向いています。

【裁ち方図】
・縫い代は指定以外1cmをつけて裁つ
・単位はcm

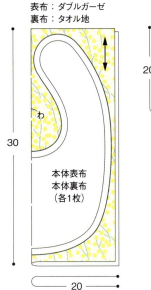

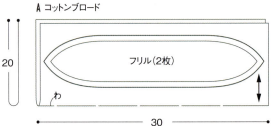

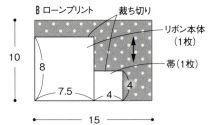

A フリルのスタイ
1 フリルを作る

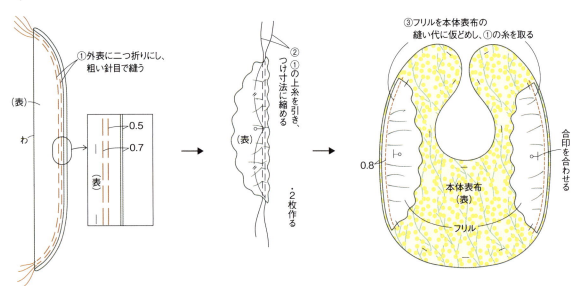

2 本体を仕上げる

3 仕上げる

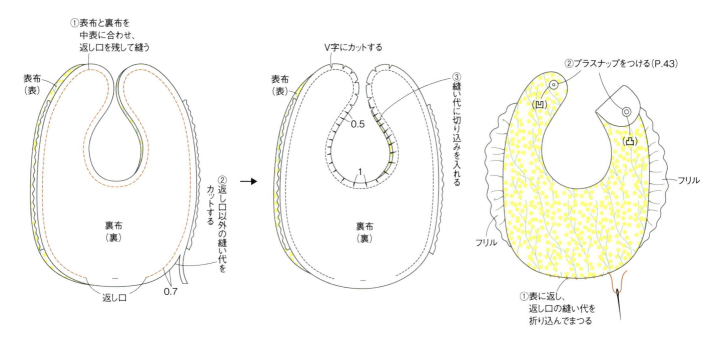

B リボンスタイ

1 リボンを作る

2 本体を作り、仕上げる

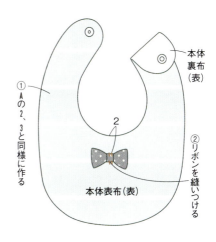

ブルマ／サロペット

PHOTO_ P.26,27　実物大型紙 B面【14】　SIZE_ 70cm／80cm

材料

A ブルマ
パンツ…ダブルガーゼ(黄色の花柄プリント)110cm幅×35cm
(P.76のスタイを一緒に作る場合は110cm幅×65cm)
7cm幅のチュールテープ(白)200cm
0.5cm幅のゴムテープ　70cm用99cm／80cm用104cm

B サロペット
パンツ・肩ひも・ループ…コットンリネン(チャコールグレー)
110cm幅×45cm
(P.76のスタイを一緒に作る場合は110cm幅×75cm)
0.5cm幅のゴムテープ　70cm用99cm／80cm用104cm
直径0.3cmの丸ゴム(こげ茶)30cm
直径1.8cmのボタン(茶色)4個

POINT

A
＊ゴムテープの寸法はきつくならないように赤ちゃんのサイズにゆとりをプラスした長さにしてください。
＊チュールテープは縫い代始末のいらない便利な素材です。

B
＊ボタンホールを作らず、丸ゴムを使うので作るのが簡単です。

でき上がりサイズ
わき丈
A 70cm用 21cm／80cm用 21.5cm
B 70cm用 25cm／80cm用 26cm

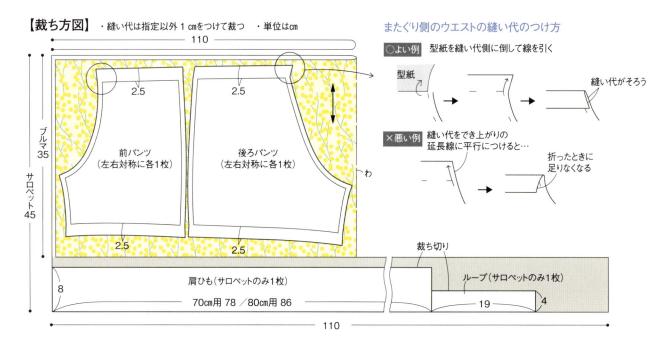

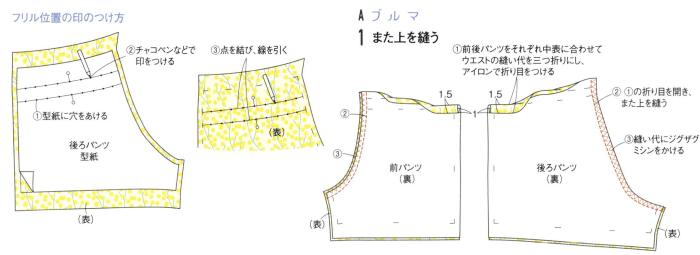

2 フリルを作る

③粗い針目で縫う
②25cmごとに合印をつける
5　1　1.5
フリル上（表）

①フリル上はチュールテープ（100cm）を5cm幅にカットする
・フリル下はチュールテープ（100cm）を7cm幅のままで、②③と同様に作る

⑥フリル上を⑤と同様に縫いつける
④1の縫い代を左に倒す

b. ①の上糸を引き、フリルをつけ寸法に縮める

0.8

e. フリルの両わきを縫い代に仮どめする

c. ①の縫い目の間を縫う

d. 2の③の糸を取る

フリル下（表）
後ろパンツ（表）

⑤フリル下を縫いつける
a. フリルの上辺とつけ位置を合わせてまち針を打つ

3 わきとまた下を縫う

②前後を中表に合わせて両わきを縫う

後ろパンツ（表）

⑥両わきの縫い代を前に倒す

③縫い代にジグザグミシンをかける

①1の縫い代を右に倒す

前パンツ（裏）

0.5

⑤★の縫い代をカットする

④また下を②③と同様に縫う

あると便利！

ゴム通し（上）があると便利ですが、ない場合は安全ピンをゴムにつけて通すとスムーズです。

（裏）
縫う　0.2
1重ねる
ゴムテープ

4 ウエストとすそを縫い、仕上げる

後ろパンツ（裏）
①ウエストの縫い代を三つ折りにする
②ゴム通し口を残して縫う

フリル上（表）
フリル下（表）

ゴム通し口　1.5
0.2　1

前パンツ（表）

⑤ゴムテープ
（ウエスト 70cm用 43cm／80cm用 46cm
すそ 70cm用 各28cm／80cm用 各29cm）を通す

後ろパンツ（裏）

0.2
④ゴム通し口を残して縫う
ゴム通し口　1.5
ゴム通し口
④
1
1.5
③すその縫い代を三つ折りにする

前パンツ（表）

79

B サロペット

1 肩ひもを作る

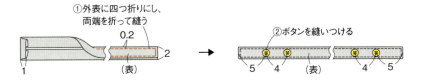

2 ループを作る

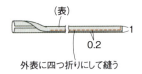

外表に四つ折りにして縫う

3 また上、わき、また下、ウエスト、すそを縫い、仕上げる

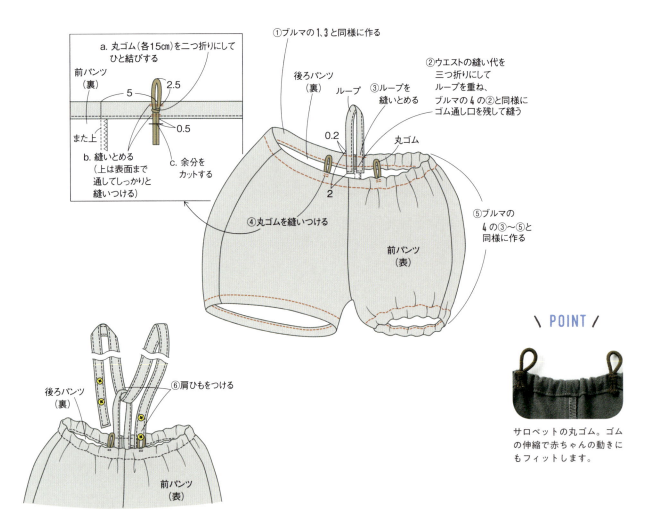

\ POINT /

サロペットの丸ゴム。ゴムの伸縮で赤ちゃんの動きにもフィットします。

甚平ロンパース PHOTO_P.30 実物大型紙 B面【16】 SIZE_60／70cm

材料
コットンプリント(エメラルドグリーン)110cm幅×95cm
直径0.9cmのプラスナップ(グレー)5組
0.7cm幅のゴムテープ52cm

POINT
＊肩上げとは、丈を調整するためにとる肩のタックのこと。成長によって縫い直すこともできるので、手縫いでもよいでしょう(手縫いの基礎はP.57)。
＊工程が多いので、作り方をよく読んでから始めましょう。

でき上がりサイズ
60cm用
後ろ丈約39cm　身幅32cm
70cm用
後ろ丈約41cm　身幅34cm

【裁ち方図】
・縫い代は指定以外1cmをつけて裁つ　・単位はcm
・肩上げ位置は型紙に穴をあけて印をつける
(P.78 ブルマ、サロペットの「フリル位置の印のつけ方」を参照)

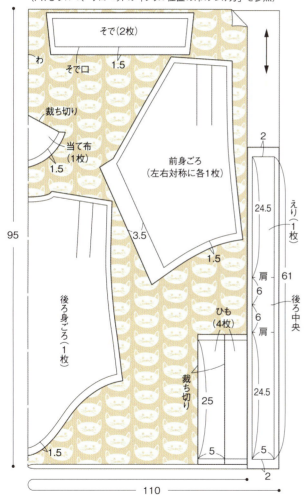

1 肩を縫う

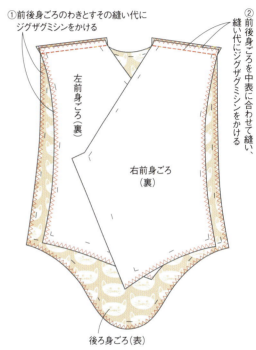

2 そでをつける

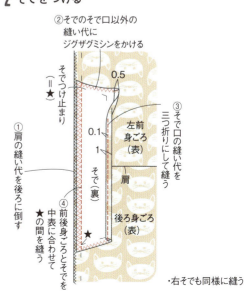

・右そでも同様に縫う

3 わきとそで下を縫う

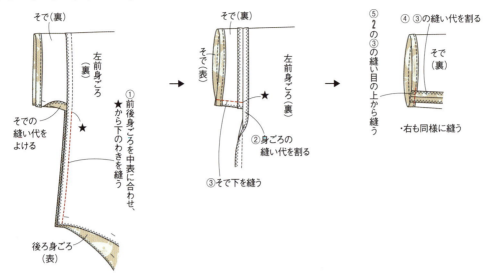

4 すそを縫う

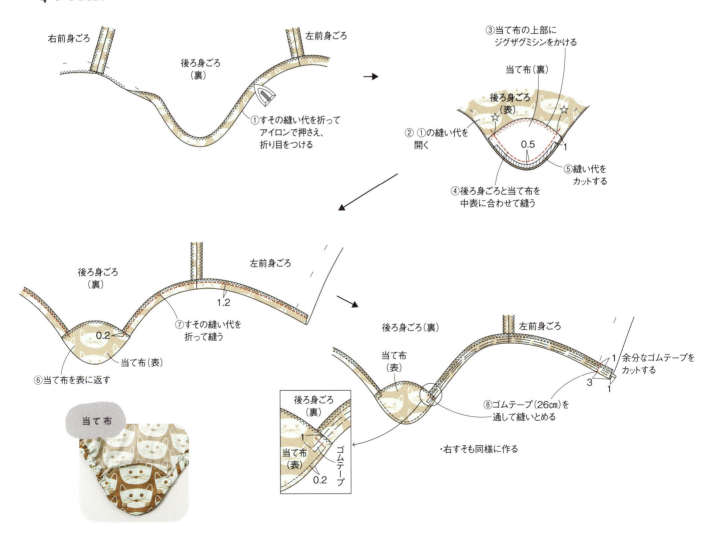

5 ひもを作る

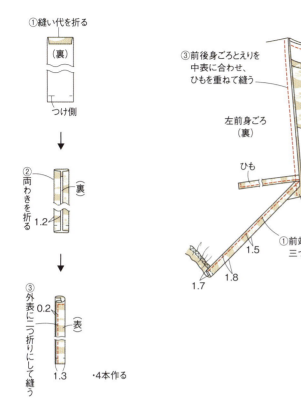

6 えりをつける

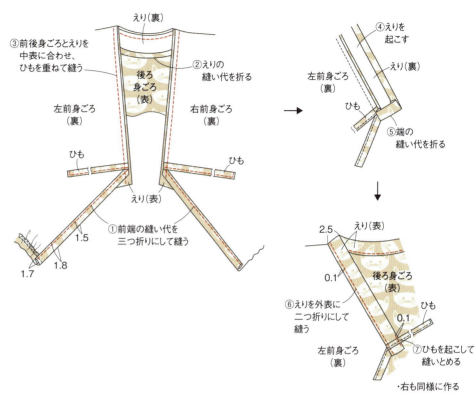

7 肩上げをする

8 仕上げる

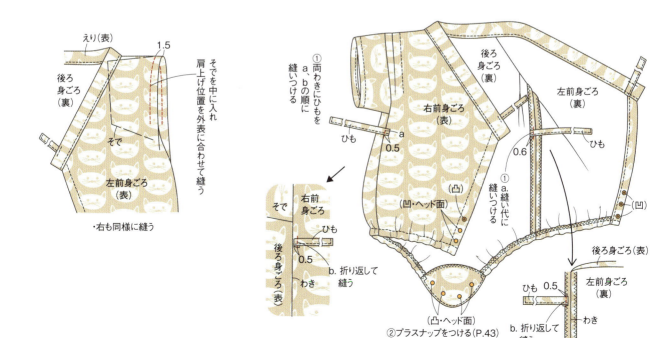

つけえり風リボンスタイ PHOTO_P.28 実物大型紙 B面【15】

材料
本体・タブ・バイアス布・リボンの帯…コットンプリント
(Aピンクと白の千鳥格子 B青と白のストライプ)60cm×60cm
飾り布…ダブルガーゼ(Aグレー系の花柄 B緑)
60cm×30cm
リボン…A3cm幅(ピンク)を32cm B4cm幅(黄色)を16cm
幅2cmの面ファスナー(白)2cm

POINT
＊カーブには切り込みを約1cm間隔で、縫い目のきわまで入れるときれいに表に返せます。
＊リボンは赤ちゃんが引っ張っても取れないようにしっかりと縫いつけましょう。

A

B

でき上がりサイズ
丈11cm

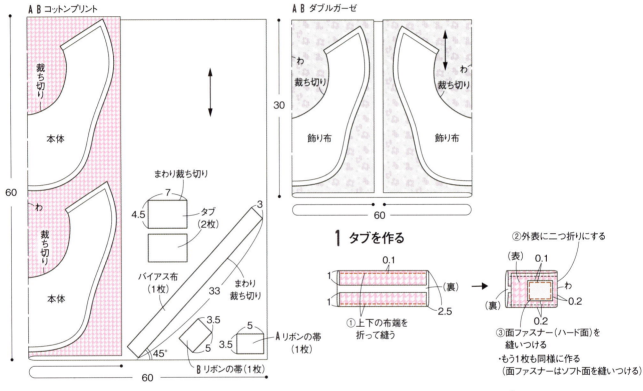

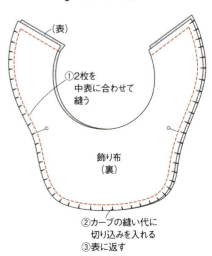

4 本体を作る

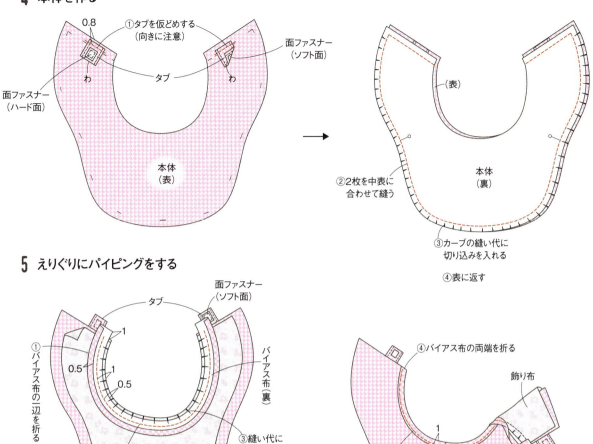

5 えりぐりにパイピングをする

6 仕上げる

サルエルパンツ

PHOTO_ P.34　実物大型紙 B面【19】　SIZE_ 70 cm／80 cm

材料
パンツ・ポケット・ウエストベルト…
A(70cm用)／コットンリネン(ベージュと生成りのストライプ)
110cm幅×70cm
B(80cm用)／リネンキャンバス(ブルーグリーン)110cm幅×70cm
直径0.9cmのボタン(生成り) 2個
0.5cm幅のゴムテープ　A 78cm　B 82cm

POINT
＊ウエストベルトやすそは、わきを縫う前にあらかじめアイロンで折り目をつけておくときれいに手早く仕上がります。

A

B

でき上がりサイズ
わき丈
A (70cm用)／30cm
B (80cm用)／33.5cm

【裁ち方図】
・縫い代は指定以外 1 cmをつけて裁つ
・単位はcm

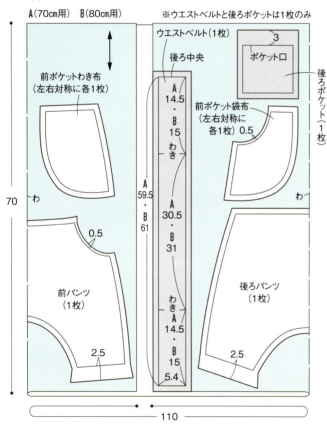

1 前ポケットをつける

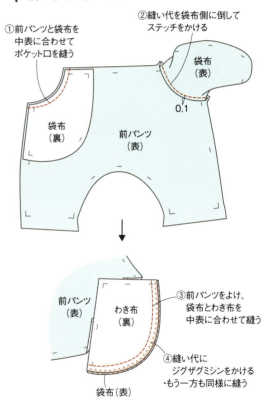

2 後ろポケットを作る

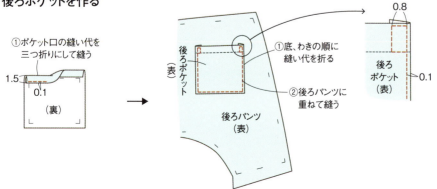

3 前後パンツを縫い合わせる

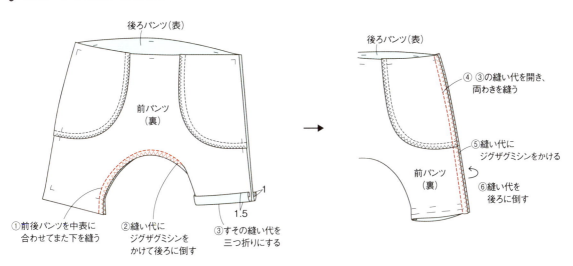

4 ウエストベルトを作る

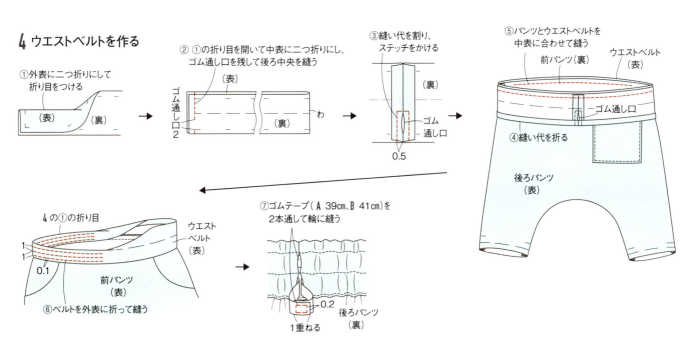

5 仕上げる

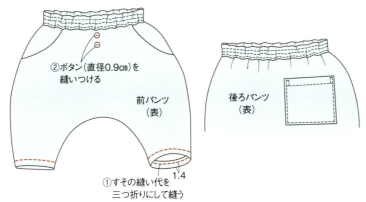

ベビーシューズ　PHOTO_ P.31　実物大型紙　B面【17】

でき上がりサイズ
サイズ約12cm

材料(1点分)
A／甲、ストラップ表布…コットンプリント(赤に白の水玉模様) 40cm×20cm
B／甲、ストラップ表布…コットンプリント(水色) 35cm×20cm
内底・甲、ストラップ裏布…ダブルガーゼ(生成り) 60cm×20cm
外底…リネン(生成り) 20cm×15cm
底当て布…厚さ0.1cmのフェルト(オフホワイト) 15cm×15cm
接着芯 40cm×20cm
両面接着芯 15cm×15cm
直径0.7cmのスナップ(シルバー) 2組

POINT
＊Bの表布のようにプリント柄に上下のある布を使うときは、かかと側が柄の上になるようにします。
＊細かい作業がたくさんありますが、縫ったらその都度アイロンをかけて形を整えるときれいに仕上がります。

【裁ち方図】
・縫い代は指定以外 0.5cmをつけて裁つ　★＝裁ち切り　・単位はcm
・表布の裏に接着芯を貼って裁つ

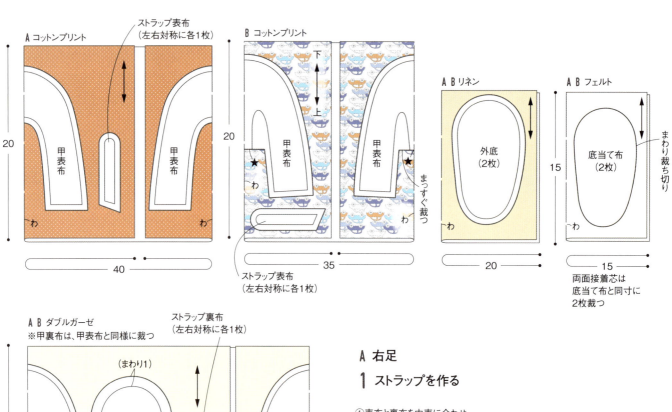

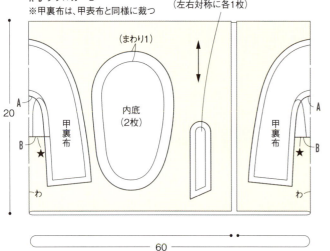

A 右足
1 ストラップを作る

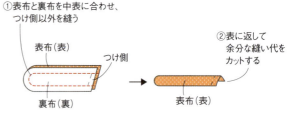

①表布と裏布を中表に合わせ、つけ側以外を縫う
②表に返して余分な縫い代をカットする

2 甲を作る

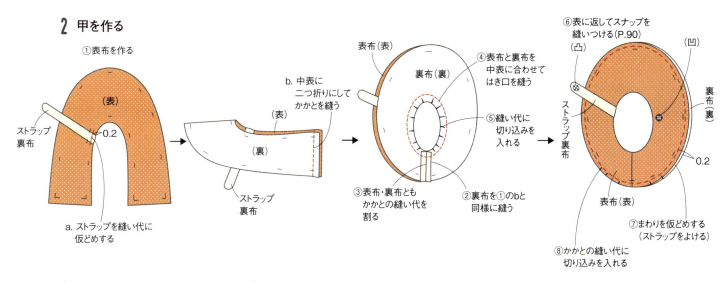

3 甲と外底を縫い合わせる

4 内底を作る

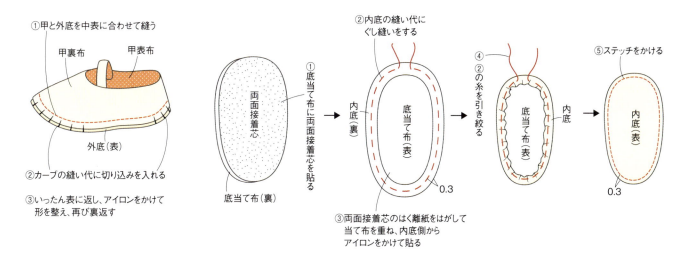

5 甲と内底を縫い合わせ、仕上げる

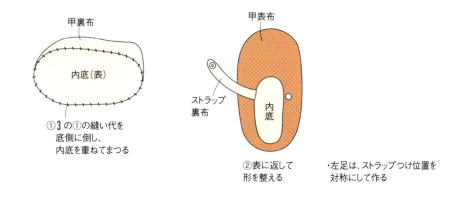

B 右足

1 Aの1と同様にストラップを作る

2 甲を作る

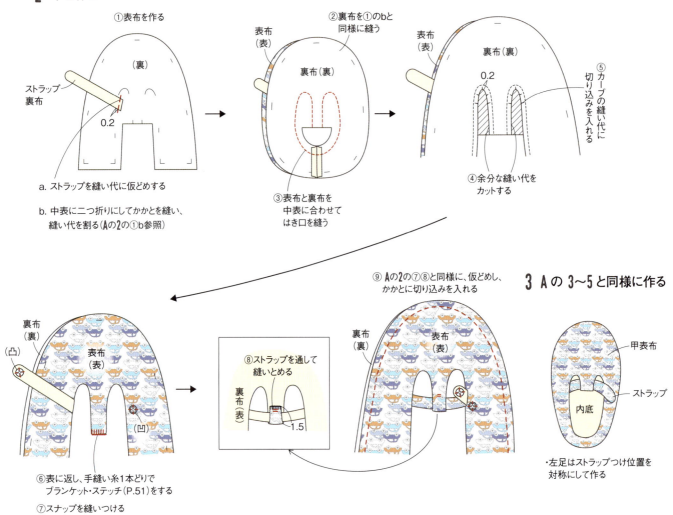

3 Aの3〜5と同様に作る

・左足はストラップつけ位置を対称にして作る

スナップのつけ方

❶玉結びを作る。1針返し縫いをしてスナップのきわに針を出す。

❷布をすくって針を穴から出す。

❸針に糸を左からかける。

❹針を引き抜き、スナップの外側に糸を引き締める。

❺❷〜❹をくり返し、1つの穴が終わったらスナップの下の布をすくい、次の穴から針を出す。スナップのきわで玉どめをする。

❻スナップと布の間に針を通し、玉どめを引き込んで糸を切る。

凹型は、スナップの穴の位置を45度かえて凸型と同じ手順でつける。

抱っこひもカバー＆よだれカバー PHOTO_P.38

材料
共通
表布…ダブルガーゼ(グレーのプリント)80cm×60cm
裏布…コットンジャガードニット(グレーと白のストライプ) 80cm×60cm
(表布、裏布とも抱っこひもカバーのみ作る場合は45cm×57cm、よだれカバーのみ作る場合は30cm×40cm)

抱っこひもカバーのみ
0.7cm幅のゴムテープ54cm
直径1.2cmのプラスナップ(白)4組
5cm×3cmのタグ(アイロン接着タイプ／白)2枚

よだれカバーのみ
直径1.2cmのプラスナップ(白)4組

できあがりサイズ 図参照

【裁ち方図】・布は裁ち切り　・単位はcm
表布…ダブルガーゼ
裏布…ジャガードニット

抱っこひもカバー

1 表布と裏布を縫い合わせる

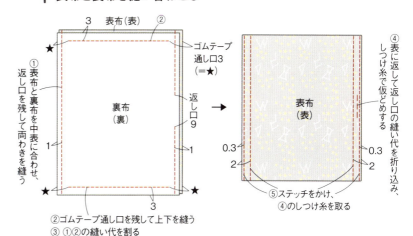

2 ゴムテープを通して仕上げる

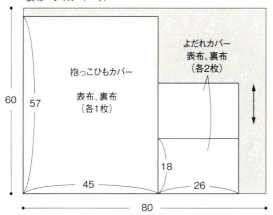

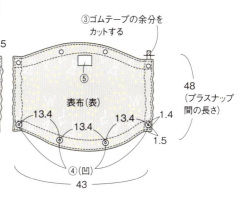

よだれカバー

1 表布と裏布を縫い合わせる

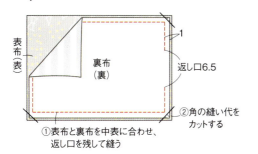

2 仕上げる

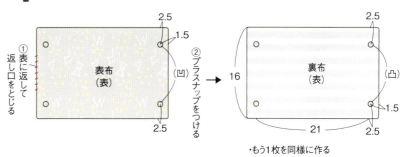

・もう1枚を同様に作る

ヘアリボンクリップ PHOTO_P.33

材料
本体…コットンプリントまたはリネンキャンバス
(色、柄は写真参照)30cm×5cmを1枚
長さ3.5cmのやっとこピン1本

POINT
＊接着剤は布にも金属にも使える多用途のものを使います。
＊リバティのタナローンなど、薄手の布を使うときは布の裏に接着芯を貼りましょう。

でき上がりサイズ
約4.5cm×7cm

1 本体を作る

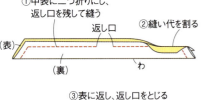

2 本体を結ぶ

3 仕上げる

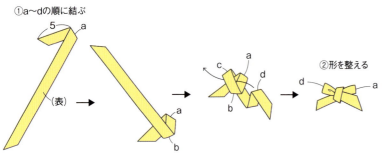

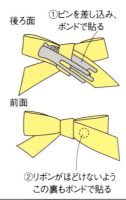

P.93のホルダークリップ C

1 本体を作る
2 飾りをつける
実物大図案 飾り

・刺しゅうは糸2本どり
・刺しゅうの基礎はP.51

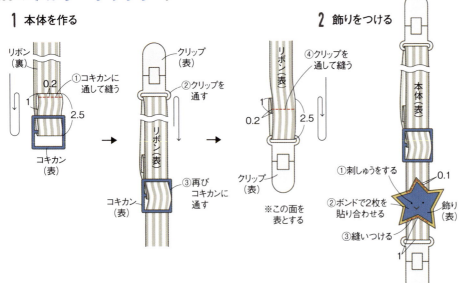

92

ホルダークリップ PHOTO_ P.39

材料

A
- 1.5cm幅のジャガードリボン(緑系カラフル)42cm
- 1.5cm幅の杉綾テープ(からし色)42cm
- 直径0.9cmのプラスナップ(生成り)凸を1個、凹を3個
- 内径1.5cmのフィッシュクリップ(生成り)1個

B
- 本体…薄手プリント(紫の花柄)50cm×4cm
- 0.7cm幅のゴムテープ40cm
- 幅3.5cmの既製のリボン(紫)2個
- 直径0.9cmのプラスナップ(生成り)1組
- 内径1.5cmのフィッシュクリップ(生成り)1個

C
- 1.5cm幅のグログランリボン(グレーと白のストライプ)46cm
- 飾り…洗えるフェルト(黄土色、紺)各5cm×5cm
- 内径1.5cmのコキカン(紺)1個
- 内径1.5cmのフィッシュクリップ(生成り)2個
- 25番刺しゅう糸(銀色)

POINT

A
* しなやかなリボンでも裏にテープを縫い合わせて二重にすれば丈夫に。Cで使用したようなしっかりしたリボンやテープを使えば一重でも作れます。

B
* 本体はリボンつけ位置の間だけたるませるようにします。
* リボンは赤ちゃんが引っ張っても取れないようにしっかりと縫いつけましょう。

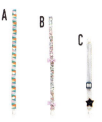

でき上がりサイズ
(クリップを含む)
A 全長38cm
B (縮んだ状態)全長36cm
C 全長約27〜42.5cm

あると便利！

軽い力で開閉するフィッシュクリップ。

A ・単位はcm

1 本体を作る

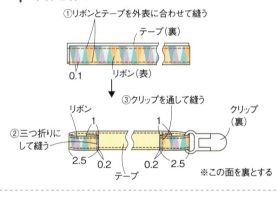

2 プラスナップをつける

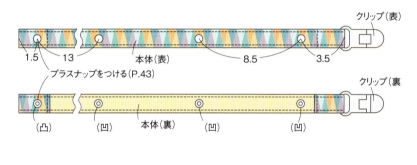

B

1 本体を作る

2 スナップとリボンをつける

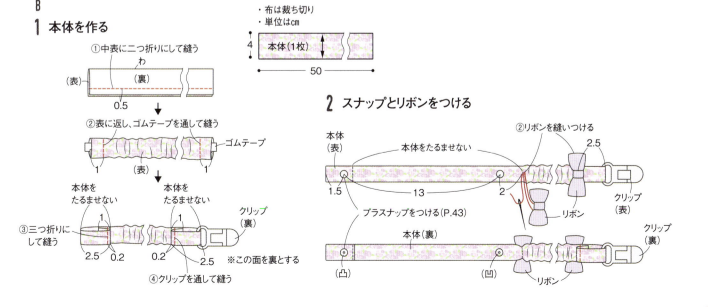

フードつきケープ　PHOTO_P.36　実物大型紙B面【20】　SIZE_80cm

でき上がりサイズ
後ろ丈30.5cm

材料
表布…コットンコーデュロイ(茶色)110cm幅×80cm
裏布…フリース(グレー)130cm幅×70cm
直径1.5cmのボタン(茶色) 4個

POINT
＊フードの頭頂を縫いとめておくと、脱いだときに表布と裏布が離れません。

【裁ち方図】

・縫い代1cmをつけて裁つ　・単位はcm

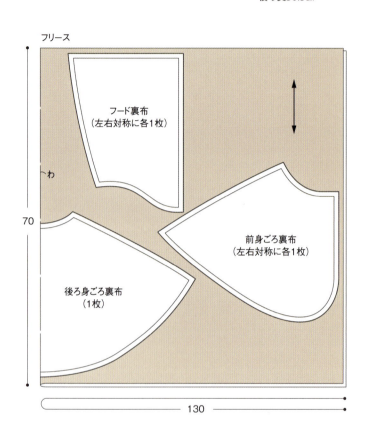

1　表布と裏布をそれぞれ縫い合わせる

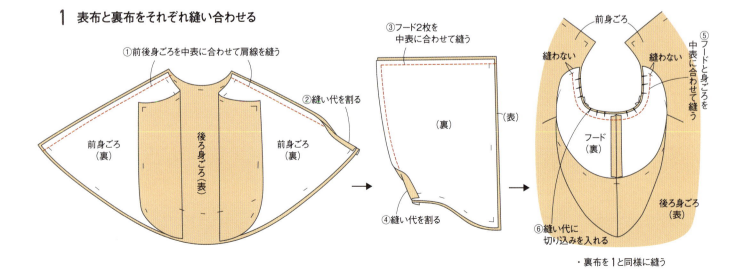

・裏布を1と同様に縫う

2 表布と裏布を縫い合わせる

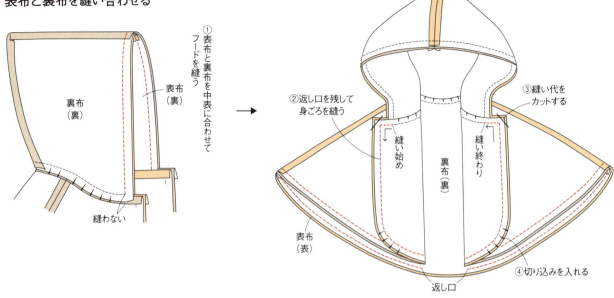

3 仕上げる

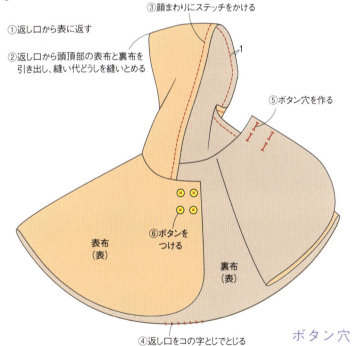

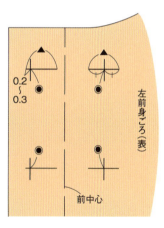

ボタン穴の大きさの決め方と位置

ボタン穴の長さ(▲)＝ボタンの直径(1.5)＋ボタン厚さ
●＝ボタンの中心(右前身ごろのボタンつけ位置)

ボタン穴のあけ方

❶ミシンの押さえ金をボタンホール用にかえる。「ボタン穴の大きさの決め方と位置」を参照に、ミシンの取り扱い説明書の通りにボタンホールを縫う。

❷縫い上がったホールの中央にリッパーで穴をあける。縫い目を切らないように、まち針をさしておく。

[作品デザイン]

- 青木恵理子
  https://erikoaoki.jp
- 岡田桂子／服のかたちデザイン
  https://fukunokatatidesign.com
- こむらたのりこ
- 杉野未央子／komihinata
  https://blog.goo.ne.jp/komihinata
- hitomi nagasawa／Apple of Eden
  https://minne.com/@caabq137
- ヤマダヨシコ
  http://www.skip-step.com/
- lepolepo
  http://lepolepo.jp/

[STAFF]

ブックデザイン	前原香織
撮影	滝沢育絵
プロセス撮影	中辻 渉
スタイリング	西森 萌
トレース	大楽里美
作り方解説	吉田 彩
編集	永谷千絵(リトルバード)
編集デスク	朝日新聞出版　生活・文化編集部(森 香織)

モデル

エレナ	ミアコ	テオ	リリ
3カ月	7カ月	1歳3カ月	1歳10カ月
76cm	67cm	76cm	83cm

[素材提供]

- 株式会社デコレクションズ
  https://decollections.co.jp/（公式ショップ）
  https://www.rakuten.ne.jp/gold/decollections/（楽天ショップ）
  https://shopping.geocities.jp/decollections/（Yahoo!ショップ）

  P.05の母子手帳ケース／コットンプリント（グレーと白のストライプ）
  P.19のお食事スタイ／ラミネートプリント地（グレーに白の花柄）
  P.25のオムツポーチ＆シート／ラミネートプリント地（生成り）

- fablic bird（中商事 株式会社）
  香川県高松市庵治町丸山6391-19
  TEL.087-870-3066
  https://www.rakuten.ne.jp/gold/fabricbird/

  P.34,35のサルエルパンツ／
  コットンリネン（ベージュと生成りのストライプ）
  リネンキャンバス（ブルーグリーン）

[撮影協力]

AWABEES TEL.03-5786-1600
UTUWA TEL.03-6447-0070

※本書に掲載している写真、作品、製図などを製品化し、ハンドメイドマーケットやSNS、オークションでの個人販売、ならびに実店舗、フリーマーケット、バザーなど営利目的で使用することはお控えください。個人で手作りを楽しむためのみにご使用ください。
◎お電話等での作り方に関するご質問はご遠慮申し上げます。

はじめてママへ
やさしく作れる
赤ちゃん小もの

編 著　朝日新聞出版
発行人　片桐圭子
発行所　朝日新聞出版
　　　　〒104-8011　東京都中央区築地5-3-2
　　　　（お問い合わせ）infojitsuyo@asahi.com

印刷所　図書印刷株式会社

©2019 Asahi Shimbun Publications Inc.
Published in Japan by Asahi Shimbun Publications Inc.
ISBN 978-4-02-333282-9

定価はカバーに表示してあります。
落丁・乱丁の場合は弊社業務部(電話03-5540-7800)へご連絡ください。
送料弊社負担にてお取り替えいたします。

本書および本書の付属物を無断で複写、複製(コピー)、
引用することは著作権法上での例外を除き禁じられています。
また代行業者等の第三者に依頼してスキャンやデジタル化することは、
たとえ個人や家庭内の利用であっても一切認められておりません。